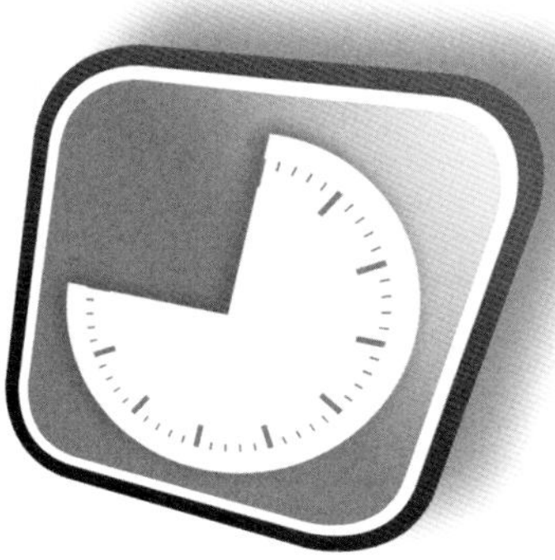

30 x Lernen lernen für 45 Minuten

Nina Wilkening

Klasse 1–4

Ausgearbeitete Stunden zum selbstständigen Lernen

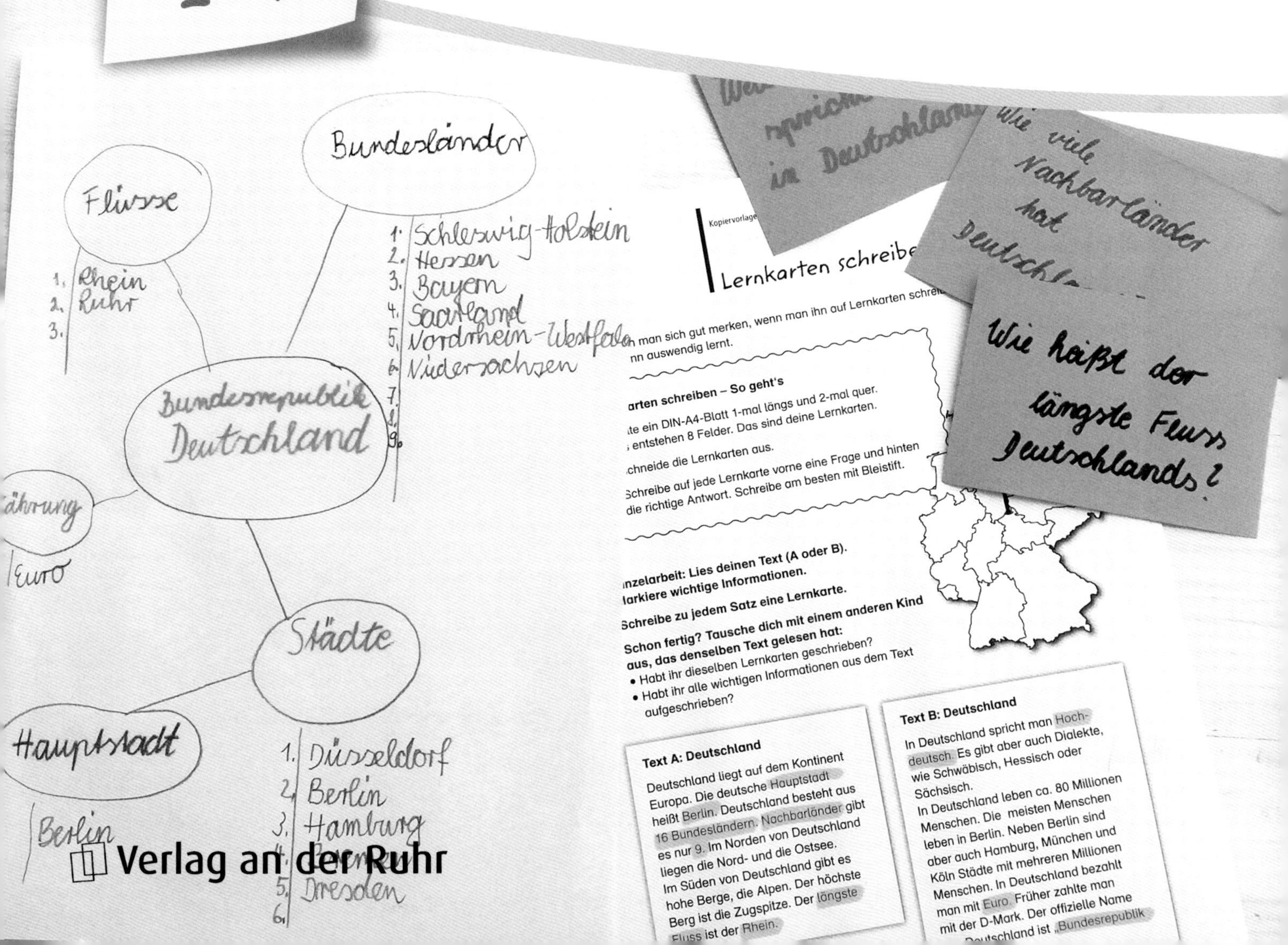

Verlag an der Ruhr

Impressum

Titel
30 x Lernen lernen für 45 Minuten. Klasse 1–4
Ausgearbeitete Stunden zum selbstständigen Lernen

Autorin
Nina Wilkening

Titelbildmotive
@ Verlag an der Ruhr

Illustrationen
soweit nicht anders angegeben: © Verlag an der Ruhr

Satz und Layout
Melanie Reich, ideenreich

Druck
AZ Druck und Datentechnik GmbH, Kempten, DE

Verlag an der Ruhr
Mülheim an der Ruhr
www.verlagruhr.de

Geeignet für die Klassen 1–4

ISBN 978-3-8346-4278-3

Inhaltsverzeichnis

Vorwort

Liebe Lehrer*innen,

„Lernen lernen" ist das Thema schlechthin in der Schule. Denn wer nicht gelernt hat, sich den Schulstoff anzueignen, wird auch nicht in der Lage sein, ihn in Tests und Klassenarbeiten zu reproduzieren und – was noch schlimmer ist – er wird ihn auch nicht behalten.

Leider wird das Thema „Lernen lernen" viel zu wenig im schulischen Alltag aufgegriffen.

Vielfach bekommt man als Elternteil oder Kollege*in den Eindruck, dass die Lehrkräfte erwarten, dass Lernen quasi „nebenbei" gelernt wird, nach dem Motto: „Learning by doing".

Ich sehe dies jedoch ganz anders: Ich glaube, dass viele Kinder einfach nicht wissen, wie sie lernen sollen, und daher scheitern bzw. unter ihren Möglichkeiten bleiben oder aber ihre Leistungen nur mithilfe der Eltern erbringen können. Wenn ein Kind aber gelernt hat, zu lernen, kann Schule zum Selbstläufer werden.

Mein Anliegen mit diesem Buch ist es, Lehrkräfte dabei zu unterstützen, den Kindern das Lernenlernen beizubringen. Die Stunden sind so ausgearbeitet, dass jede Lehrkraft sie, eventuell mit kleinen Anpassungen auf die eigene Klasse, übernehmen kann.

Ich gehe davon aus, dass das Lernen bereits in der ersten Schulstunde stattfindet und Schüler*innen daher von Anfang an an die Hand genommen werden müssen und man ihnen zeigen muss, wie sie lernen können und sollen. Aus meinen eigenen Erfahrungen als Lehrerin weiß ich, dass es eben nicht allen Kindern von Anfang an klar ist, wie man ein Heft benutzt. Und als Mutter habe ich verstanden, dass Lernenlernen seinen Platz in der Schule hat. Zu Hause kann man zwar darauf aufbauen, aber die Grundlagen müssen in der Schule gelegt und vor allem gepflegt werden.

Im vorliegenden Buch finden Sie insgesamt 30 Stundenplanungen, aufgeteilt für die Klassen 1 und 2 sowie für die Klassen 3 und 4. Die einzelnen Stunden sind in Mini-Einheiten zusammengefasst, sodass Sie sehen können, welche Themen zusammengehören. Sie können Einzelstunden auswählen oder aber die kompletten Mini-Einheiten am Stück durchnehmen. Sinnvoll ist es, wenn Sie für die Wochen nach den Stunden bereits während Ihrer Langzeitplanung Eintragungen machen, wann Sie das Gelernte wieder aufgreifen und wiederholen möchten. Denn Gelerntes bleibt nur dann dauerhaft im Kopf „hängen", wenn es mehrfach, in zeitlich immer größer werdenden Abständen, wiederholt wird.

Jede Einzelstunde ist so aufgebaut:

- Darum geht's
- Kompetenzerwartungen
- Materialliste
- Das bereiten Sie vor
- Stundenverlauf

Im Anschluss an die Einzelstunde finden Sie ein bis zwei Kopiervorlagen zum sofortigen Einsatz. Ich habe darauf geachtet, dass Sie außer den Kopiervorlagen möglichst keine oder, wenn, nur wenige weitere Materialien benötigen, sodass Sie eine Stunde zum „Lernenlernen" beispielsweise auch einmal als Vertretungsstunde einschieben können. Denn: Es ist jederzeit sinnvoll, dieses Thema aufzugreifen!

Wenn Kinder wissen, wie das Lernen funktioniert, lernen sie gerne. Ich wünsche Ihnen, dass die Materialien Ihren Kindern Sicherheit beim Lernen vermitteln und Ihnen die Unterrichtsgestaltung erleichtern.

Nina Wilkening

Der Verlag an der Ruhr legt großen Wert auf eine geschlechtergerechte und inklusive Sprache. Daher nutzen wir das Gendersternchen, um sowohl männliche und weibliche als auch nichtbinäre Geschlechtsidentitäten einzuschließen. Alternativ verwenden wir neutrale Formulierungen. In Texten für Schüler*innen finden sich aus didaktischen Gründen neutrale Begriffe bzw. Doppelformen.

Beschreibung der Mini-Einheiten

Mini-Einheit: In der Schule ankommen

Wenn Kinder in die Schule kommen, sind sie aufgeregt. Vieles ist neu, manches ist spannend, vor manchem haben sie vielleicht auch Angst. Schon nach ein paar Tagen und Wochen erwarten wir von den Abc-Schütz*innen, dass sie sich in der Schule zurechtfinden und gewisse Regeln, Rituale und Verfahrensabläufe verstanden haben. Wer jedoch zu Beginn noch nicht angekommen und aufmerksam genug ist, um den Erklärungen seiner Lehrkraft zu folgen, verpasst wichtige Informationen und verliert schnell den Anschluss.

Gerade der Umgang mit Schulmaterialien ist für die Kinder neu, aber von elementarer Wichtigkeit. Das Kind, das nicht weiß, welche Materialien es zu Hause für den nächsten Tag einpacken muss, oder im Unterricht dauernd seine Hefte suchen oder seine Stifte anspitzen muss, hat es schwer, mitzukommen und Spaß am Unterricht zu entwickeln. Statt Freude am Lernen stellt sich schnell das Gefühl der Überforderung und des Nichtgenügens ein. Dies kann verhindert werden, wenn wir uns die Zeit nehmen, den Kindern kleinschrittig zu erklären, was wir in puncto Materialien von ihnen erwarten. Leider geschieht dies oftmals nur selten und besonders schwache Schüler*innen benötigen mehr.

In der Mini-Einheit „In der Schule ankommen" geht es genau darum: Die Kinder müssen erst einmal ankommen, sich orientieren und zurechtfinden. Neben dem neuen Gebäude mit seinen vielen Räumen und Personen müssen sie sich auch innerhalb des eigenen Klassenzimmers und innerhalb der eigenen Schultasche zurechtfinden.

Die Mini-Einheit besteht aus diesen **Stunden**:

- Stunde 1: Alle meine Materialien
- Stunde 2: Mein ordentlicher Arbeitsplatz
- Stunde 3: Ich bin jetzt ein Schulkind
- Stunde 4: So schreibe ich richtig ins Hausaufgabenheft
- Stunde 5: So schreibe ich richtig ins Mathematik- und Deutschheft

In dieser Einheit finden Sie Stunden, die evtl. nicht zu Ihrem Konzept passen. So kann es sein, dass Sie viele der Materialien gar nicht mit nach Hause geben, sondern in der Schule lassen. Oder aber Sie unterrichten in einer Schule, in der es keine Hausaufgaben gibt bzw. die Kinder führen kein Hausaufgabenheft, weil sie beispielsweise von Ihnen einen Hausaufgabenwochenplan erhalten, der alle Hausaufgaben beinhaltet. In diesem Fall lohnt es sich, die jeweilige Stunde zumindest als Anregungen für Ihren Unterricht zu lesen. Sprachliche Unterschiede gibt es z. B. bei der Benennung des Hausaufgabenheftes. Viele Schulen geben ein „Schülerbuch" heraus, das sowohl als Hausaufgabenheft wie auch als Kalender und Informationsaustausch für die Eltern genutzt wird. In diesem Fall sollten Sie mit den Kindern ansprechen, dass Sie einen anderen Namen wählen.

Die Stunden 1–4 der Einheit können Sie gleich zu Beginn der Schulzeit durchnehmen. Für die Stunde 5 sollten Sie einige Zeit vergehen lassen, da die Kinder normalerweise zunächst in Arbeitsheften arbeiten und für die Bearbeitung des Deutschblattes bereits einige Buchstaben schreiben können sollten. Alternativ können Sie den Text natürlich abändern.
Auf der Seite 11 finden Sie einen Elternbrief als Kopiervorlage. Es ist sinnvoll, die Eltern von Anfang an miteinzubeziehen und um die Unterstützung der Kinder zu bitten. Die Eltern wissen so, was die Schule verlangt, und auch die Unsicherheit neuer Schulkind-Eltern wird dadurch gemindert.

Mini-Einheit: Allein und mit anderen zusammenarbeiten

Wenn Kinder in die Schule kommen, ändert sich ihre Rolle. Die Lehrkräfte erwarten, dass die Kinder immer aufmerksam sind, zuhören, fleißig arbeiten. Dies ist ein fundamentaler Unterschied zum freien Spielen, das viele Kinder aus den Kindertagesstätten kennen. In den Kitas durften sie (meist) aussuchen, was sie machen, und auch die Dauer der Beschäftigung ihrer Lust und Konzentrationsspanne anpassen.

Alle meine Materialien

1. Was gehört zu welchem Fach? Verbinde.

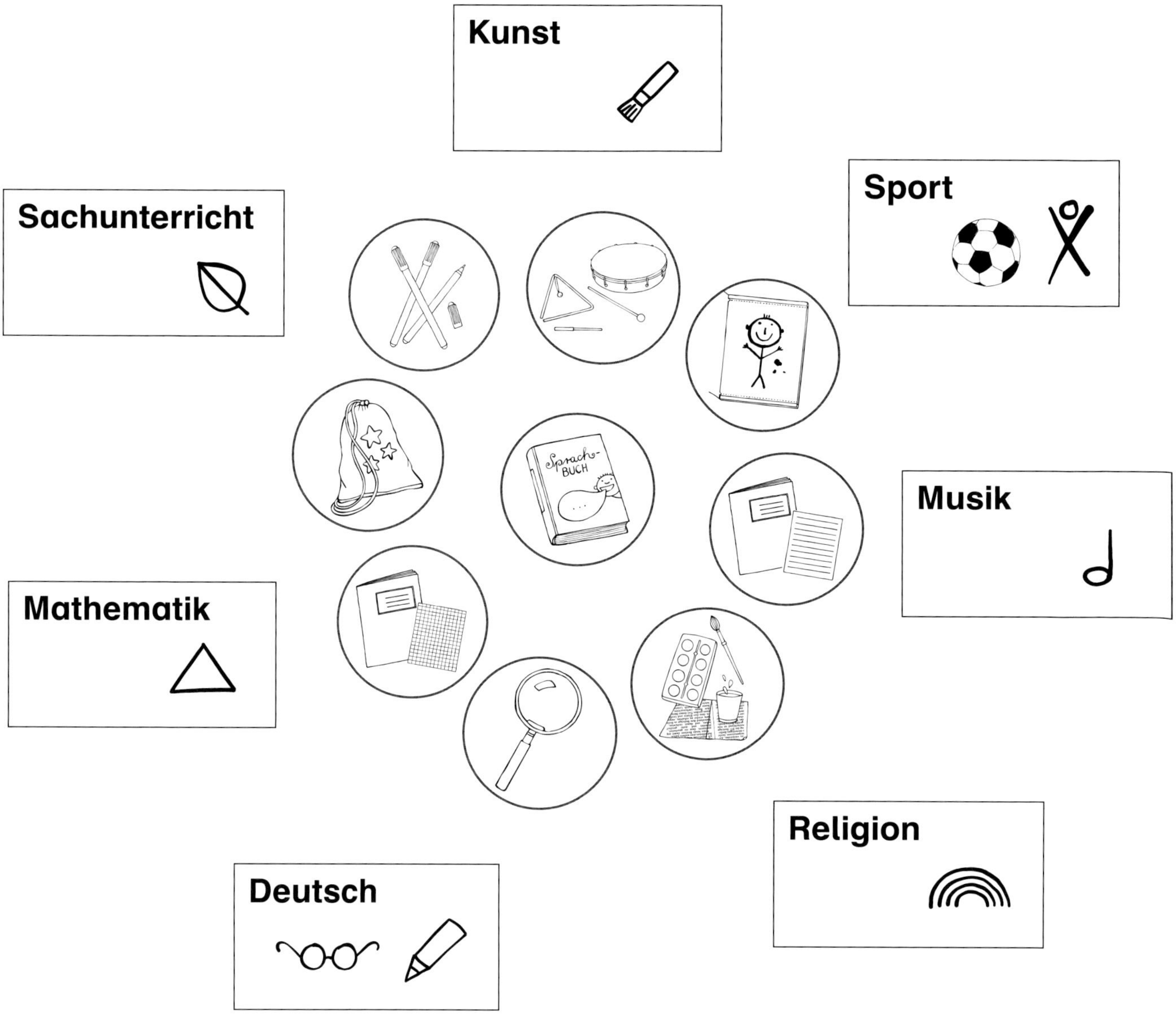
Kunst
Sport
Sachunterricht
Sprach-BUCH
Musik
Mathematik
Religion
Deutsch

2. Was ist hier falsch? Streiche durch.

Sport

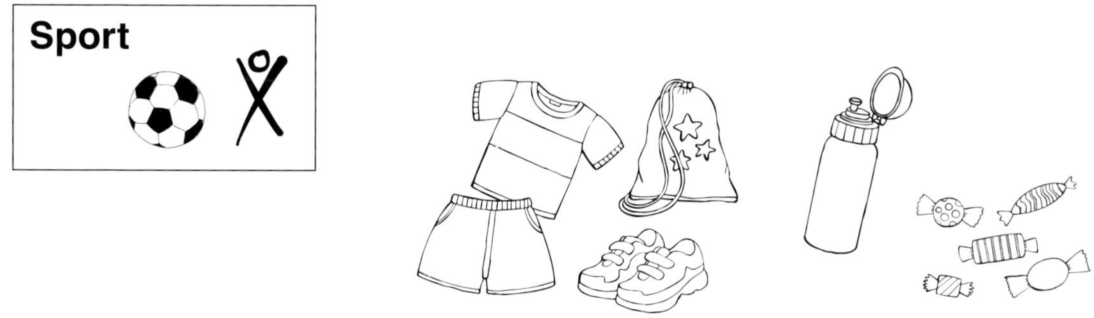

Meine Materialien für verschiedene Fächer

Welche Materialien brauchst du für welches Fach?
Schneide aus und klebe in das passende Kästchen.

Mathe	Kunst
Deutsch	Sport
Sachunterricht	Musik
....	Religion

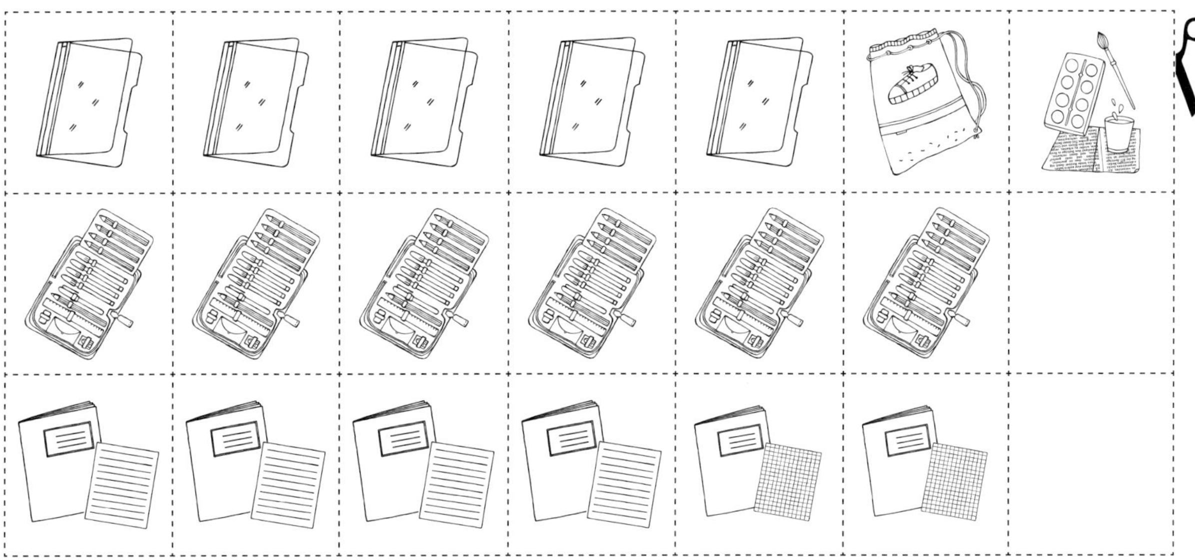

Mein ordentlicher Arbeitsplatz

Darum geht's

Zu Beginn der Schulzeit müssen die Schüler*innen erst einmal in ihre Rolle als Schulkind hineinwachsen. Zum selbstständigen Arbeiten ist es notwendig, dass sie auch Sorge dafür tragen, dass sie sich gut konzentrieren und ohne Störungen und Ablenkungen arbeiten können. Hierfür ist ein aufgeräumter und mit den wichtigen Materialien ausgestatteter Arbeitsplatz nötig.

Kompetenzerwartungen

Die Kinder können unterscheiden, welche Dinge auf den Arbeitsplatz gehören und welche dort falsch sind.

Materialliste

- Kopiervorlage „Mein ordentlicher Arbeitsplatz" (S. 15)
- Kopiervorlage „Mein Arbeitsplatz in der Schule und zu Hause" (S. 16)
- siehe unter „Das bereiten Sie vor"

Das bereiten Sie vor

Kopieren Sie beide Kopiervorlagen in Klassenstärke. Packen Sie in eine (Schul-)Tasche Arbeitsmaterialien und weitere Gegenstände, die sich auf einem Schülerarbeitsplatz finden könnten (z. B. Spielzeug, Lebensmittel, Zeitschriften etc.).

Stundenverlauf

1. Einstieg (15 min)

Stellen Sie einen Schülertisch auf. Die Kinder setzen sich ins Sitzkino davor. Packen Sie alles, was sich in der (Schul-)Tasche befindet, aus und legen Sie es auf den Tisch. Sorgen Sie dabei dafür, dass der Tisch chaotisch aussieht.

Präsentieren Sie den Schüler*innen stolz ihren Arbeitstisch. Bitten Sie ein Kind, sich an diesen Tisch zu setzen und alle Materialien für ein bestimmes Fach herauszusuchen. Das Kind wird eine Weile brauchen, um die Aufgabe erledigen zu können.

Bitten Sie dann Ihre Kinder, sich an ihren Platz zu setzen und alles, was sie im Schulranzen haben, auf ihren Tisch zu legen. Schreiben Sie eine Aufgabe (drei bis vier Rechenaufgaben oder ein bis zwei Wörter/Sätze) an die Tafel und fordern Sie die Kinder auf, diese abzuschreiben.
Den Kindern wird diese Aufgabe am unaufgeräumten Arbeitsplatz schwerfallen.
Brechen Sie nach drei bis vier Minuten ab und überlegen Sie gemeinsam, wie es besser geht.

Erklären Sie den Schüler*innen die Arbeitsblätter und bitten Sie die Kinder, aufzuräumen.

2. Arbeitsphase (20 min)

Die Schüler*innen bearbeiten beide Arbeitsblätter in Einzel- oder Partnerarbeit.

3. Sicherung (10 min)

Beenden Sie die Phase nach etwa 20 Minuten und besprechen Sie gemeinsam die Lösung des Arbeitsblattes „Mein ordentlicher Arbeitsplatz". Bitten Sie die Kinder, ihre Arbeitsplatzbilder vorzustellen.

Das Bild vom heimischen Arbeitsplatz kann auch als Hausaufgabe gemalt werden.

Mein ordentlicher Arbeitsplatz

Damit du dich gut konzentrieren kannst,
muss dein Arbeitsplatz immer ordentlich sein.

1. Sieh dir das Bild an.

**2. Kreise grün ein, was auf den Arbeitsplatz gehört.
Streiche rot durch, was weggeräumt werden muss.**

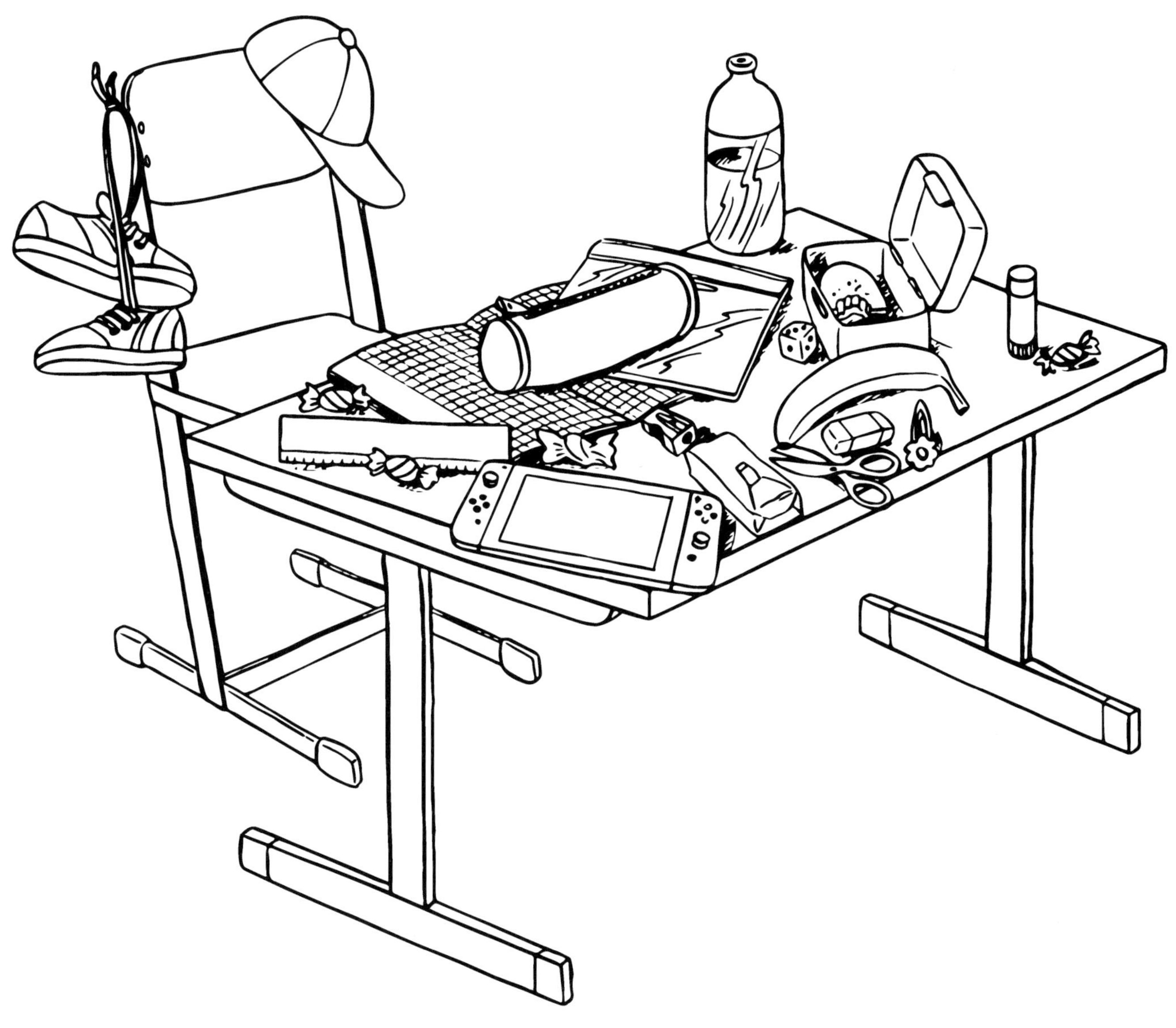

Mein Arbeitsplatz in der Schule und zu Hause

Wie sieht dein ordentlicher Arbeitsplatz aus? Male.

Mein Arbeitsplatz **in der Schule**

Mein Arbeitsplatz **zu Hause**

3. Ich bin jetzt ein Schulkind

Darum geht's

Die Kinder lernen, dass zum guten Start in der Schule bereits die Vorbereitung zu Hause am Tag zuvor dazugehört. Wenn Materialien nicht vorhanden oder nicht einsatzfähig sind, kommt es zu Verzögerungen im Unterricht. Sind Kinder übermüdet, können sie im Unterricht nicht richtig mitarbeiten. In dieser Stunde lernen die Kinder, welche Aufgaben sie als Schulkind erledigen und worauf sie achten müssen, damit sie ihre neue Rolle gut ausfüllen können.

Kompetenzerwartungen

- Die Kinder können einschätzen, welche Verhaltensweisen sinnvoll und welche nicht sinnvoll für die Vorbereitung auf den nächsten Schultag sind.
- Die Kinder lernen den „Schulkind-Plan" kennen und können ihn sinnvoll nutzen, um sich auf den nächsten Schultag vorzubereiten.

Materialliste

- Kopiervorlage „Ich bin jetzt ein Schulkind" (S. 18)
- Kopiervorlage „Schulkind-Plan" (S. 19)
- abwischbare Folienstifte

Das bereiten Sie vor

Kopieren Sie beide Kopiervorlagen in Klassenstärke und laminieren Sie die Kopiervorlage „Schulkind-Plan" für jedes Kind, damit sie ihn täglich mit dem abwischbaren Folienstift verwenden können.

Stundenverlauf

1. Einstieg (15 min)

Bitten Sie die Schüler*innen, davon zu erzählen, wie sie sich am Nachmittag auf den nächsten Schultag vorbereiten. Erzählen auch Sie, was Sie unternehmen, damit Sie am nächsten Tag gut vorbereitet sind. Vielleicht fallen den Kindern auch Beispiele von Eltern oder größeren Geschwistern ein. Arbeiten Sie gemeinsam heraus, dass es sinnvoll ist, sich schon am Tag zuvor auf den nächsten Tag vorzubereiten.

Sehen Sie sich gemeinsam die Kopiervorlage „Ich bin jetzt ein Schulkind" (S. 18) an. Lesen Sie den Kindern die Aufgabe vor und sprechen Sie über die abgebildeten Situationen.

2. Arbeitsphase (20 min)

Die Kinder bearbeiten die Kopiervorlage „Ich bin jetzt ein Schulkind" in Einzelarbeit.
Wer den Rand der Sprechblasen richtig angemalt hat, darf die Bilder in den Sprechblasen bunt anmalen.

3. Sicherung (10 min)

Vergleichen Sie mit den Kindern die Ergebnisse. Erläutern Sie den Kindern den Sinn und den Umgang mit dem „Schulkind-Plan" (S. 19) und verteilen Sie diesen.
Die Kinder sollen diesen zu Hause, gemeinsam mit den Eltern, ausfüllen.

Ich bin jetzt ein Schulkind

Du bist nun ein Schulkind.
Es ist wichtig, dass du dich schon zu Hause auf den nächsten Schultag vorbereitest.

1. **Sieh dir die Bilder an.**
   Immer 2 Bilder gehören zusammen.
2. **Sprecht in der Klasse über die Bilder.**
3. **Eines der beiden Bilder zeigt dir, wie du dich gut vorbereitest.**
   Male den Rand grün.
4. **Male den Rand des anderen Bildes rot.**

Schulkind-Plan

Mit dem Plan bereitest du dich gut
auf den nächsten Schultag vor.

Hänge den Plan zu Hause auf.
Trage den Wochentag und das Datum ein.
Hake ab, was du erledigt hast.

....

Wochentag Datum

Am Nachmittag

Ich mache alle Hausaufgaben. .... ☐

Ich spitze alle Stifte an. .... ☐

Ich packe alle Materialien ein. .... ☐

Ich bewege mich an der frischen Luft. .... ☐

Am Abend

Ich gehe früh ins Bett. .... ☐

Am Morgen

Ich esse zu Hause ein gesundes Frühstück. .... ☐

Ich nehme ein gesundes Frühstück mit in die Schule. .... ☐

So schreibe ich richtig ins Hausaufgabenheft

Darum geht's

Die Kinder lernen, sich im Hausaufgabenheft zurechtzufinden, die Hausaufgaben an der richtigen Stelle zu notieren und das Hausaufgabenheft zu nutzen.

Kompetenzerwartungen

- Die Kinder wissen, wie man Hausaufgaben sinnvoll notiert.
- Die Kinder übernehmen Verantwortung für sich selbst, indem sie ihre Hausaufgaben notieren.

Materialliste

- Kopiervorlage „So schreibe ich richtig ins Hausaufgabenheft (1/2)" (S. 21)
- Kopiervorlage „So schreibe ich richtig ins Hausaufgabenheft (2/2)" (S. 22)
- pro Kind eine Büroklammer

Das bereiten Sie vor

- Legen Sie für jedes Kind eine Büroklammer bereit.
- Kopieren Sie beide Kopiervorlagen in Klassenstärke.
- Kopieren Sie eine Seite eines Hausaufgabenheftes einmal in DIN A3 oder in DIN A4, falls Sie eine Dokumentenkamera nutzen können.
- *Optional:* Kopieren Sie eine Seite Ihres Schülerbuches und kleben Sie diese an die Stelle der Hausaufgabenheftseite auf der Kopiervorlage

Stundenverlauf

1. Einstieg (20 min)

Treffen Sie sich mit den Kindern im Sitzkreis. Jedes Kind bringt sein Hausaufgabenheft mit.

Sehen Sie sich gemeinsam den Aufbau des Hausaufgabenheftes an (Sollten Sie ein von der Schule ausgegebenes Schülerbuch benutzen, sollten Sie für diese Phase mehr Zeit einplanen, da dann noch weitere Informationen anzusehen sind).

Verteilen Sie die Büroklammern. Jedes Kind markiert die aktuelle Seite, indem es die Büroklammer dort wie ein Lesezeichen anheftet.

Sehen Sie sich gemeinsam den Aufbau einer Seite ein. Tragen Sie für eine Woche Daten und Fächer ein. Verteilen Sie die Kopiervorlagen. Lesen Sie den Kindern den Merkkasten von S. 21 vor und besprechen Sie gemeinsam die Aufgaben.

2. Arbeitsphase (20 min)

Die Schüler*innen bearbeiten in Einzel- oder Partnerarbeit die Aufgaben beider Kopiervorlagen.

3. Sicherung (5 min)

Besprechen Sie mit den Kindern die Arbeitsergebnisse.

Nutzen Sie die DIN-A3-Kopie, indem Sie diese laminieren und täglich mit Folienstift beschreiben. Zu Beginn einer jeden Woche können Sie ritualisiert mit den Kindern eine neue Seite im Hausaufgabenheft aufschlagen und die Daten und Fächer ergänzen.

So schreibe ich richtig ins Hausaufgabenheft (1/2)

Merkkasten

In der Schule:

- Bin ich auf der richtigen Seite?
- Für jedes Fach schreibe ich dann:
  → Ich habe keine Hausaufgaben auf (——) oder
  → Ich habe Hausaufgaben auf, zum Beispiel:

△ Mathematik (M)

Buch (B), Seite 4 Nr. 1

Arbeitsheft (AH) oder Arbeitsblatt (AB)

Zu Hause:

- Ich bearbeite die Hausaufgaben.
- Ich mache einen Haken, wenn ich sie erledigt habe. ✔

1. Sieh dir das Hausaufgabenheft an. An welchem Tag hat das Kind nicht richtig eingetragen?

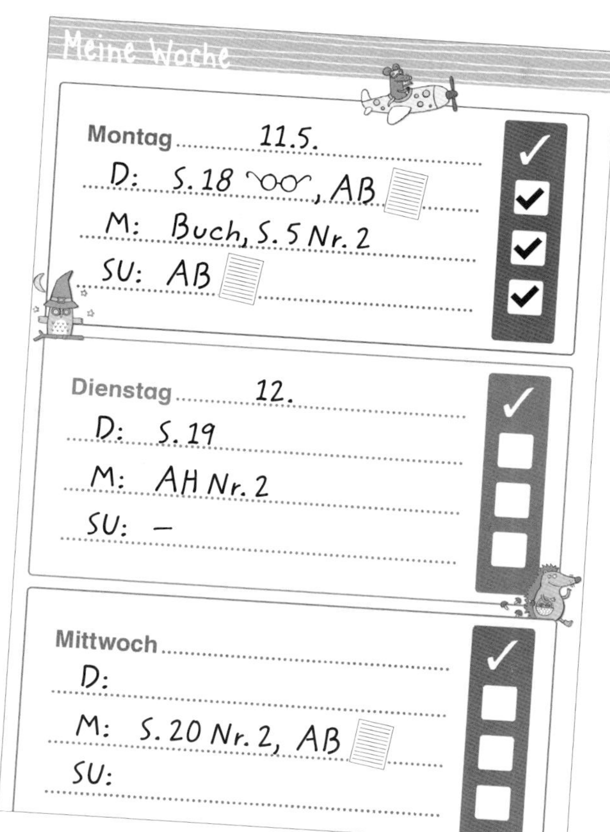

So schreibe ich richtig ins Hausaufgabenheft (2/2)

2. Trage die Hausaufgaben richtig ins Hausaufgabenheft unten ein.

	Montag	Dienstag	Mittwoch	Donnerstag	Freitag
1	Sport	Deutsch	Deutsch	Deutsch	Mathe
2	Mathe	Deutsch	Mathe	Sachunterricht	Religion
3	Deutsch	Sachunterricht	Musik	Kunst	Sachunterricht
4	Sachunterricht	Religion	Sport	Kunst	AG

Mo., 2.9.	Di., 3.9.	Mi., 4.9.	Do., 5.9.	Fr., 6.9.
Buch S. 12 Nr. 1	AH S. 23 Nr. 2	Buch S. 15 lesen	AH S. 25	—
AB Sa, Se, Si	AB Blätter	Buch S. 13 Nr. 2		

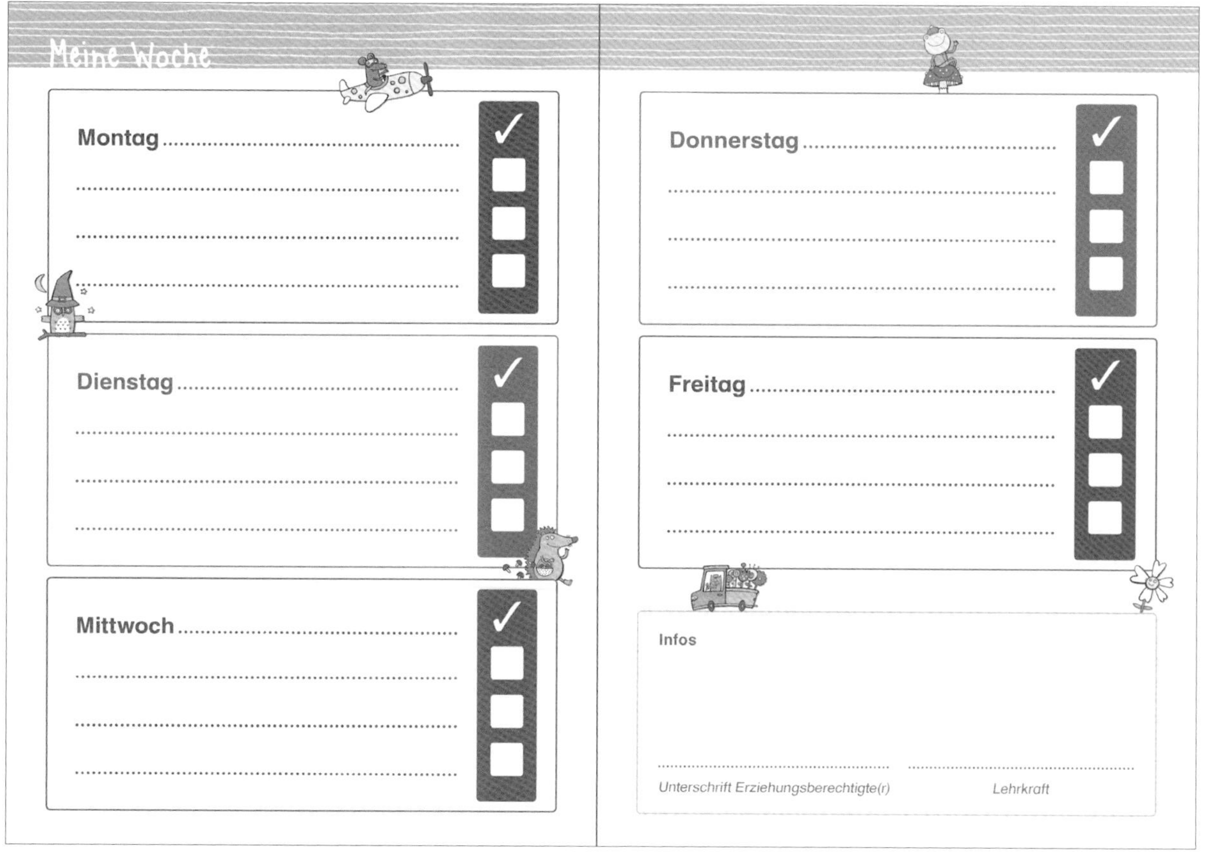

So schreibe ich richtig ins Mathematik- und Deutschheft

Darum geht's

Die Kinder lernen, was beim Beschriften von Arbeitsblättern und bei Einträgen in Hefte zu beachten ist.

Kompetenzerwartungen

- Die Kinder verstehen die Begriffe „Datum", „Überschrift", „Zeile", „Abstand".
- Sie wissen, wie man sauber in ein Mathematikheft und ein Deutschheft schreibt.

Materialliste

- Kopiervorlage „So schreibe ich richtig ins Mathematikheft" (S 24)
- Kopiervorlage „So schreibe ich richtig ins Deutschheft" (S. 25)
- Klebestreifen/Magnete

Das bereiten Sie vor

- Kopieren Sie beide Kopiervorlagen in Klassenstärke.
- Kopieren Sie beide Kopiervorlagen ein weiteres Mal und erstellen Sie ein Lösungsblatt.
- Kopieren Sie beide Kopiervorlagen einmal in DIN A3 und schneiden Sie die ausgefüllten Heftseiten aus.
- Kopieren Sie ein kariertes Blatt und ein liniertes Blatt in DIN-A3-Größe (Arbeit an der Tafel) oder kopieren Sie beide Kopiervorlagen einmal in DIN-A4-Format und schneiden Sie die ausgefüllten Heftseiten aus. Legen Sie ein kariertes und ein liniertes Blatt bereit (Arbeit mit der Dokumentenkamera).

Stundenverlauf

Die Stunde ist in zwei Teile geteilt. Im ersten Teil erfahren die Schüler*innen, wie sie in ein Mathematikheft schreiben, im zweiten analog dazu, wie sie in ein Deutschheft schreiben sollen. Der Ablauf beider Teile ist gleich.

1. Einstieg (10 min)

Nehmen Sie zunächst die Elemente, die sie aus der Kopiervorlage „So schreibe ich richtig ins Mathematikheft" ausgeschnitten haben, und das karierte Blatt zur Hand. Befestigen Sie die Elemente z. B. mit Magneten oder Klebestreifen an der Tafel. Ordnen Sie diese gemeinsam auf dem karierten Blatt an der passenden Stelle an.

2. Arbeitsphase (10 min)

Die Kinder bearbeiten die Kopiervorlage „So schreibe ich richtig ins Mathematikheft" in Einzelarbeit.

3. Sicherung (5 min)

Kontrollieren Sie gemeinsam mithilfe des Lösungsblattes, das Sie unter die Dokumentenkamera legen. Oder treffen Sie sich mit den Kindern im Sitzkreis. Jedes zeigt kurz sein Ergebnis und erklärt, wo die einzelnen Elemente hingeschrieben wurden.

Verfahren Sie genauso mit der Kopiervorlage „So schreibe ich richtig ins Deutschheft".

Kinder, die schneller fertig sind als andere, dürfen sich aus dem Deutsch- oder Mathematikbuch Aufgaben heraussuchen und es selbst im eigenen Heft ausprobieren.

Hängen Sie die Lösungsblätter (oder zumindest die Merkkästen) als Plakate in der Klasse auf, sodass die Kinder jederzeit nachsehen und Sie darauf verweisen können.

So schreibe ich richtig ins Mathematikheft

Merkkasten

① Schreibe rechts oben das **Datum** hin.
② Schreibe in die nächste **Zeile**, welche Aufgabe du machst.
Dies ist die **Überschrift**. Unterstreiche sie mit Lineal.
③ Lasse eine **Zeile** frei.
④ Beginne mit den Aufgaben ganz **links**.
⑤ Lasse ein **Kästchen** nach dem = frei,
wenn du eine Zahl von 0 bis 9 aufschreibst.
⑥ Lasse nach jeder Aufgabe eine **Zeile** frei.
⑦ Lasse zwischen mehreren Aufgaben zwei **Kästchen** frei.

1. Sieh dir die Heftseite an.
Schreibe in die Kreise die Nummern aus dem Merkkasten.

				1	5.	0	3.
S.	6	3	Nr.	2			
a)		3	+	4	=		7
		2	+	5	=		7
b)		8	–	2	=	6	

2. Probiere es selbst aus.
Schreibe richtig in den Kasten.
Datum: 17. 12.
Überschrift: S. 23 Nr. 7
a) 4 + 5 = 9 b) 20 – 10 = 10
5 + 6 = 11 14 – 10 = 4

So schreibe ich richtig ins Deutschheft

Merkkasten

① Schreibe rechts oben das **Datum** hin.
② Schreibe in die nächste **Zeile**, welche Aufgabe du machst. Dies ist die **Überschrift**. Unterstreiche sie mit Lineal.
③ Beginne mit den Aufgaben ganz **links**.
④ Lasse **nicht zu viel** Abstand zwischen den Wörtern.
⑤ Schreibe **nicht über die Zeile** hinaus. Trenne Wörter richtig nach einer Silbe.

1. Sieh dir das Heft an.
Schreibe in die Kreise die Nummern aus dem Merkkasten.

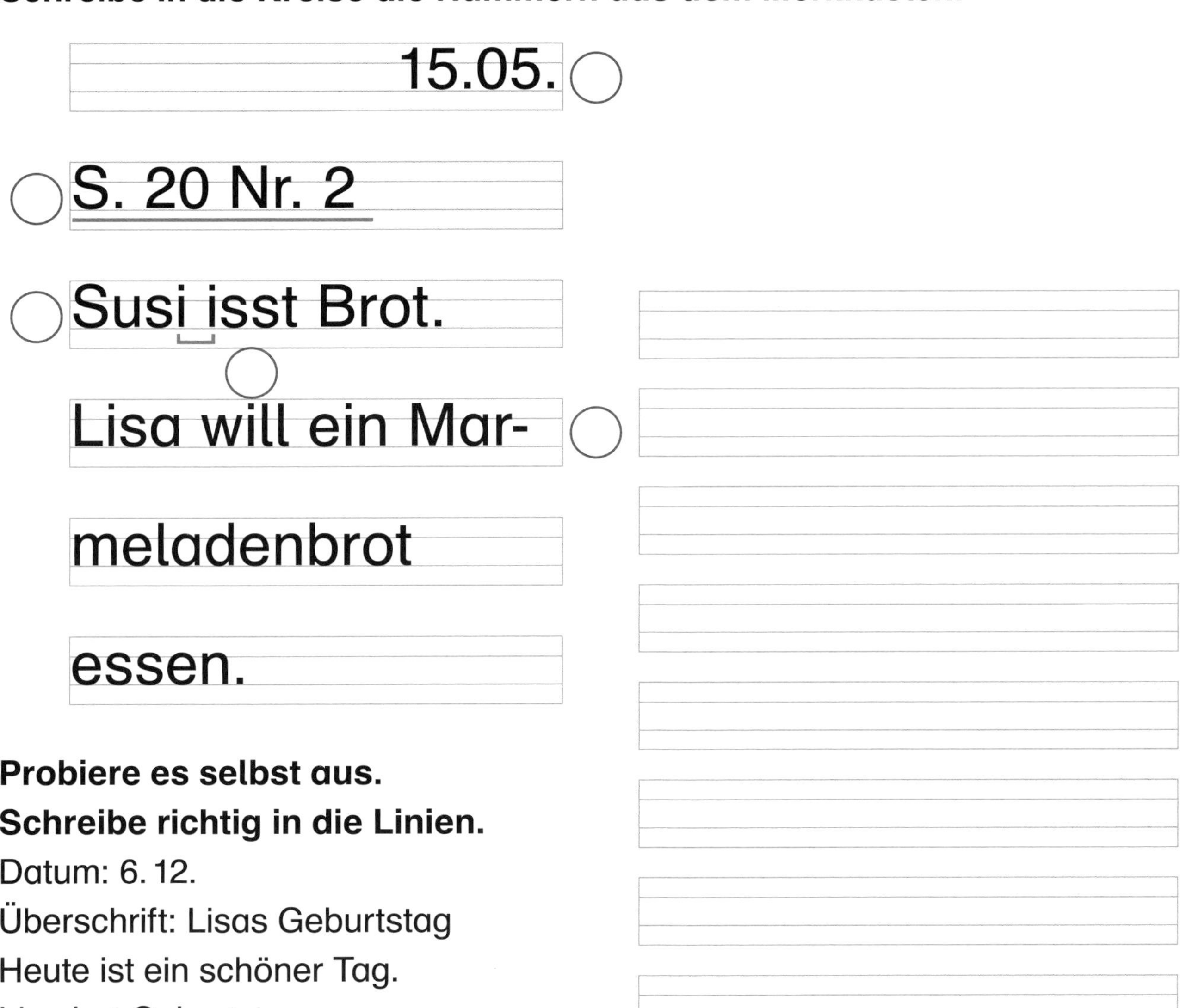

2. Probiere es selbst aus.
Schreibe richtig in die Linien.
Datum: 6. 12.
Überschrift: Lisas Geburtstag
Heute ist ein schöner Tag.
Lisa hat Geburtstag.

6. Einzelarbeit

Darum geht's

Innerhalb des Klassenverbandes gibt es verschiedene Sozialformen, die unterschiedliche Verhaltensweisen erfordern. Zunächst lernen die Kinder in dieser Stunde, wie sie allein arbeiten. Dies zu können, ist eine wichtige Voraussetzung für die Beherrschung der anderen Sozialformen. Mithilfe des Ankreuzbogens (S. 29) kann in den darauffolgenden Stunden das Verhalten gefestigt werden. Wenn Sie möchten, können Sie mit den Kindern eine kleine Belohnung vereinbaren, wenn diese eine bestimmte Anzahl an Bildern angekreuzt haben.

Kompetenzerwartungen

- Die Kinder können eine gestellte Aufgabe in Einzelarbeit bearbeiten.
- Sie achten dabei auf ihr Verhalten: Sie arbeiten ruhig, passen auf und arbeiten zielführend.

Materialliste

- Kopiervorlage „Einzelarbeit" (S. 27)
- Kopiervorlage „Bildvorlagen für die Einstiegsphase" (S. 28)
- Kopiervorlage „Ankreuzbogen" (S. 29)

Das bereiten Sie vor

- Kopieren Sie die Seiten 27 und 29 in Klassenstärke.
- Kopieren Sie die Bildvorlagen auf DIN A3.

Stundenverlauf

1. Einstieg (15 min)

Treffen Sie sich mit den Kindern im Kinositz vor der Tafel. Erklären Sie den Schüler*innen, dass Sie heute mit ihnen über das richtige Arbeiten sprechen möchten.

Bitten Sie die Kinder, an Tiere zu denken und zu überlegen, ob sie Tiere kennen, die „gut arbeiten".
Hängen Sie die Tierbilder nacheinander auf, zunächst beide Bilder der Maus, dann beide der Biene usw. Besprechen Sie mit den Kindern, welches Bild wohl eher auf das Tier zutrifft. Lassen Sie dieses Bild hängen, legen Sie das andere beiseite. Lesen Sie den Kindern das Gedicht vor und sprechen Sie es gemeinsam einige Male, sodass die Kinder es (fast) auswendig kennen. Erklären Sie die Aufgabe der Arbeitsphase, verteilen Sie die Kopiervorlage „Einzelarbeit" (S. 27).

2. Arbeitsphase (20 min)

Die Kinder malen die Bilder auf der Kopiervorlage „Einzelarbeit" (S. 27) sorgfältig an. Sie achten dabei darauf, die „neuen" Regeln einzuhalten.

3. Sicherung (10 min)

Treffen Sie sich mit den Kindern mitsamt ihren Kopiervorlagen (S. 27) im Sitzkreis. Die Kinder zeigen reihum ihre Arbeitsergebnisse und sagen, worauf sie während der Arbeitsphase geachtet haben (auf die Einhaltung der Regeln). Erklären Sie den Kindern, dass derjenige bzw. diejenige, der*die gut gearbeitet hat, die Bilder in der Tabelle ankreuzen darf.
Verteilen Sie die Kopiervorlage „Ankreuzbogen" (S. 29) und erklären Sie, dass Sie in den nächsten Stunden häufiger einschätzen lassen werden, wie die Kinder arbeiten und ob sie sich an die Regeln aus dem Gedicht halten.

Gestalten Sie aus der Kopiervorlage S. 29 ein Plakat (am besten foliert) für Ihr Klassenzimmer, auf dem Sie ankreuzen, welche Kinder sich in der Stunde/am Tag besonders viel Mühe gegeben haben. Sie können auch ritualisiert vor einer Einzelarbeitsphase gemeinsam das Gedicht aufsagen, um sich auf die Einzelarbeit einzustimmen.

Einzelarbeit

Sei leise wie ein Mäuschen,
pass auf wie ein Luchs,
sei fleißig wie ein Bienchen,
dann wirst du schlau wie ein Fuchs.

**1. Male die Bilder ordentlich an.
Achte dabei auf die Regeln für die Einzelarbeit.**

**2. Warst du leise, hast aufgepasst und warst fleißig?
Dann darfst du die Kästchen ankreuzen.**

Datum			

Bildvorlagen für die Einstiegsphase

Ankreuzbogen

Name: ....

Datum			

Datum			

7. Partnerarbeit

Darum geht's

Die Kinder lernen, mit einem Partnerkind zusammenzuarbeiten und dabei bestimmte Regeln einzuhalten.

Kompetenzerwartungen

- Die Kinder kennen Kriterien für eine gelungene Partnerarbeit.
- Die Kinder können die Zusammenarbeit mit dem Partnerkind reflektieren und daraus Verbesserungsvorschläge ableiten.

Materialliste

- Kopiervorlage „Mit einem Partnerkind zusammenarbeiten“ (S. 31)
- Kopiervorlage „Checkliste Partnerarbeit“ (S. 32)

Das bereiten Sie vor

Kopieren Sie beide Kopiervorlagen in Klassenstärke.

Stundenverlauf

1. Einstieg (5 min)

Nennen Sie den Schüler*innen kurz das Stundenthema „Mit einem Partnerkind zusammenarbeiten“ und stellen Sie den Ablauf der Stunde vor. Da für die Arbeitsphase viel Zeit benötigt wird, fällt der Einstieg sehr kurz aus. Verteilen Sie die Kopiervorlage S. 31.

Bitten Sie die Kinder, sich zunächst mit drei Partnerkindern zu verabreden. Dies sollte strukturiert erfolgen: Fordern Sie die Kinder auf, den Namen ihres Sitznachbarkindes einzutragen. Fordern Sie die Kinder im zweiten Schritt auf, sich zu zweit zusammenzutun (mit einem Freund oder einer Freundin oder Wahlpartnerkind) und den Namen des anderen Partnerkindes aufzuschreiben. Für die Wahl des dritten Partnerkinders bitten Sie die Kinder, abzuzählen. Stoppen Sie nach der Hälfte. Das nächste Kind beginnt wieder bei „eins“. Jeweils zwei Kinder haben dieselbe Zahl. Fragen Sie dies ab und bitten Sie die Kinder den Namen des Partnerkindes zu notieren.

2. Arbeitsphase (30 min)

Die Schüler*innen arbeiten mit verschiedenen Partnerkindern zusammen. Besprechen Sie jeweils die Aufgabe, geben Sie dann pro Partnerarbeitsphase sieben Minuten Zeit. Anschließend benötigen die Partnerteams weitere zwei Minuten, um die Checkliste auszufüllen, und jeweils eine Minute, um die Plätze zu tauschen.

*Wenn die Schüler*innen noch nicht so gut lesen können, bietet es sich an, dass sie die Auswertung gemeinsam durchführen und Sie oder ein gut lesendes Kind die Checkliste vorliest.*

3. Sicherung (10 min)

Bitten Sie die Schüler*innen, zu reflektieren, wie die unterschiedlichen Arbeitsphasen gelaufen sind.

- *Wann klappte eine Partnerarbeit besser, wann nicht so gut?*
- *Wie kann man daran arbeiten, dass eine Partnerarbeit immer gut läuft?*

In der verbleibenden Zeit können einzelne Partnerteams ihre Arbeitsergebnisse vorstellen und die Briefe an die Klassenkamerad*innen verteilen.

Wenn Sie diese Stunde bereits in Klasse 1 durchführen, bietet es sich an, die Aufgaben anzupassen, z. B. aus Steckwürfeln ein Haus zu bauen, gemeinsam ein Bild mit vielen Einzelteilen anzumalen, eine Collage zu einem Thema gemeinsam zu erarbeiten.

Mit einem Partnerkind zusammenarbeiten

Merkkasten

Wenn zwei Menschenzusammenarbeiten, können sie gemeinsam mehr erreichen als ein einzelner. Dies gelingt aber nur, wenn sich beide an ein paar **Regeln** halten:

- Stellt euch auf die Partnerarbeit ein:
  → Ihr müsst mit dem Partnerkind zusammenarbeiten wollen.
  → Erledigt die Aufgaben gewissenhaft. Ihr beide seid für das Ergebnis verantwortlich!
- Legt alle benötigten Materialien bereit. Alles andere kommt weg.
- Lest gemeinsam die Aufgabe.
- Besprecht, wer welchen Teil bearbeitet.
- Arbeitet beide konzentriert.
- Helft einander und unterstützt euch.
- Geht auch einmal einen Kompromiss ein: Lasst auch mal das Partnerkind bestimmen.

1. Notiere deine Partnerkinder.

Aufgabe	**Name des Kindes**
Partnerarbeit 1: Sitznachbarkind	
Partnerarbeit 2: Freund/Freundin	
Partnerarbeit 3: Zufall	

2. Löst gemeinsam die drei Aufgaben.

Partnerarbeit 1 **PA 1**

Malt ein **Bild** von den Ferien oder einem Ausflug.

Partnerarbeit 2 **PA 2**

Schreibt eine **kurze Geschichte** über euer Lieblingstier.

Partnerarbeit 3 **PA 3**

Schreibt einem Kind aus der Klasse einen **Brief**. Schreibt ihm, was es alles gut macht.

Checkliste Partnerarbeit

1. Lest euch die Checkliste durch und überlegt gemeinsam, wie es lief. Entscheidet euch für: ja (+), na ja (0) oder nein (–). Tragt das passende Zeichen in die Tabelle ein.

Checkliste	**PA 1: Sitz-nachbarkind**	**PA 2: Freund/ Freundin**	**PA 3: Zufall**
Wolltet ihr zusammen-arbeiten?			
Habt ihr beide die Materialien bereitgelegt?			
Habt ihr gemeinsam die Aufgabe gelesen?			
Habt ihr die Aufgabe sinnvoll aufgeteilt?			
Habt ihr konzentriert und ordentlich gearbeitet?			
Habt ihr einander geholfen?			
Seid ihr mit eurem Ergebnis zufrieden?			

2. Schreibt auf:

Das lief schon gut:

PA 1 ....

....

PA 2 ....

....

PA 3 ....

....

Das müssen wir noch verbessern:

PA 1 ....

....

PA 2 ....

....

PA 3 ....

....

8. Gruppenarbeit

Darum geht's

Die Kinder können in der Gruppe mit mehreren Kindern zusammenarbeiten und dabei Regeln für eine gelungene Gruppenarbeit beachten.

Kompetenzerwartungen

- Die Kinder kennen Regeln für eine gelungene Gruppenarbeit.
- Die Kinder können sich an die Regeln halten und mit anderen gut zusammenarbeiten.
- Die Kinder können ihr Verhalten und das der anderen Gruppenmitglieder einschätzen und reflektieren und daraus Vorsätze für die Zukunft ableiten.

Materialliste

- Kopiervorlage „Unsere Regeln für die Gruppenarbeit" (S. 34)
- Kopiervorlage „Placemat für die Gruppenarbeit" (S. 35)

Das bereiten Sie vor

- Machen Sie sich Gedanken über eine sinnvolle Einteilung der Klasse in 4er-Gruppen. Halten Sie die Gruppeneinteilung schriftlich fest (z. B. auf je einem DIN-A4-Blatt pro Gruppe).
- Kopieren Sie die Kopiervorlage (S. 34) in Klassenstärke.
- Kopieren Sie die Kopiervorlage (S. 35) für jede Gruppe einmal im DIN-A3-Format.

Stundenverlauf

1. Einstieg (5 min)

Nennen Sie den Kindern kurz das Stundenthema und stellen Sie den Ablauf der Stunde vor. Bitten Sie ein Kind, die Regeln für die Gruppenarbeit von der Kopiervorlage S. 34 vorzulesen. Da für die Arbeitsphase viel Zeit notwendig ist, sollte der Einstieg sehr kurz ausfallen. Visualisieren Sie die Gruppeneinteilung. Bitten Sie die Schüler*innen, sich in Gruppen zusammenzufinden, und verteilen Sie die Materialien.

2. Arbeitsphase (25 min)

Die Schüler*innen arbeiten in ihrer Gruppe zusammen. Zunächst müssen sie einen Arbeitsplatz finden und diesen einrichten. Für die Erstellung der Placemat sollten die Schülergruppen maximal zehn Minuten Zeit haben. Brechen Sie die Phase ab und geben Sie den Kindern weitere zehn Minuten Zeit, um sich ihre Ergebnisse vorzustellen und sich auf fünf gemeinsame Punkte zu einigen. Außerdem sollte eine kleine Präsentation der Ergebnisse vorbereitet werden.

Unterbrechen Sie diese Phase und fordern Sie die Gruppen auf, die Aufgabe 4 auf der Kopiervorlage S. 34 zu bearbeiten, indem sie ihre Arbeit reflektieren. Jedes Kind kreuzt dazu in der Checkliste auf seinem Arbeitsblatt an, was die Gruppe gemeinsam erarbeitet hat. Diese Phase sollte nicht länger als fünf Minuten dauern.

3. Sicherung (15 min)

Die Schülergruppen präsentieren kurz ihre Arbeitsergebnisse.

Anschließend wird reflektiert: Bitten Sie einzelne Kinder, von ihren Erfahrungen in dieser Stunde zu berichten:

- *Was lief gut?*
- *Was könnte man noch besser machen?*
- *Wie sieht eine gute Gruppenarbeit aus?*
- *Was nimmst du dir für die Zukunft vor?*

Unsere Regeln für die Gruppenarbeit

Merkkasten

- Sei bereit, in einer Gruppe zu arbeiten und deine Aufgaben verantwortungsbewusst auszuführen.
- Stelle alle Materialien zusammen. Räume alles andere weg.
- Lest gemeinsam den Arbeitsauftrag.
- Entscheidet, wer welche Aufgabe bearbeitet.
- Hört euch gegenseitig zu und helft euch.
- Akzeptiert die Meinung der anderen.
- Einigt euch und lasst auch einmal einen anderen oder eine andere bestimmen.

1. **Legt die Placemat-Vorlage (S. 35) so hin, dass alle ein Feld zum Schreiben haben.**
2. **Schreibt in das Feld eure eigenen Gedanken.**
3. **Stellt euch eure Gedanken gegenseitig vor.**
4. **Einigt euch auf 5 gemeinsame Punkte für die Placemat-Mitte.**
5. **Wie hat die Gruppenarbeit geklappt? Füllt dazu die Checkliste aus.**

Checkliste für unsere Gruppenarbeit	☺	😐	☹
Wir hatten einen guten Arbeitsplatz.			
Alle haben allein gut gearbeitet.			
Wir haben die anderen nicht abgelenkt.			
Wir haben uns zugehört.			
Wir haben uns leise ausgetauscht.			
Wir haben gemeinsam entschieden.			
Wir sind nett miteinander umgegangen.			
Wir haben die anderen aussprechen lassen.			

Placemat für die Gruppenarbeit

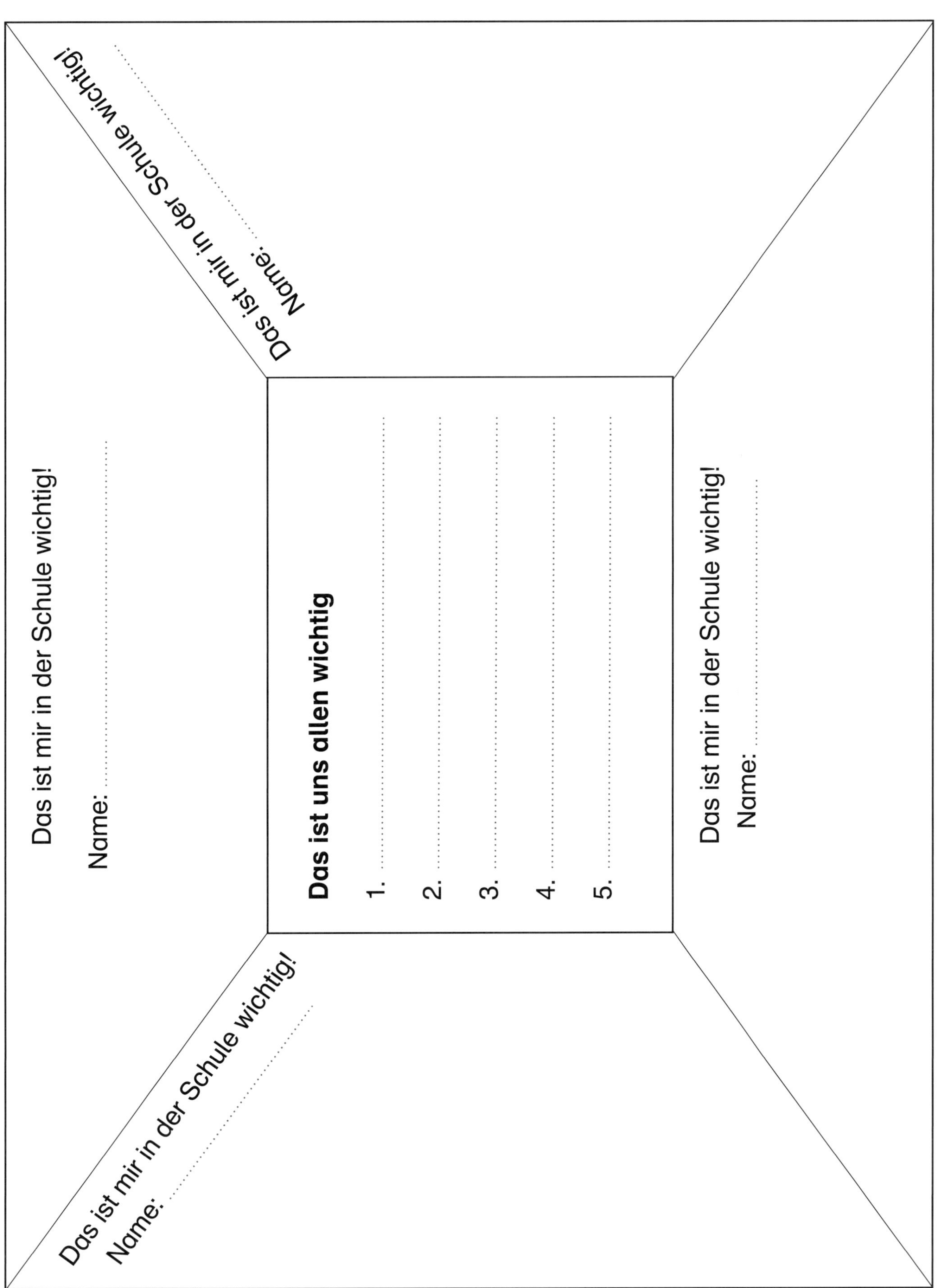

9. Ich schlage im Wörterbuch und anderen Büchern nach

Darum geht's

Die Kinder lernen den Sinn, den Aufbau und den Gebrauch eines Wörterbuches kennen.

Kompetenzerwartungen

- Die Kinder wissen, wie ein Wörterbuch aufgebaut ist.
- Sie sind in der Lage, ein vorgegebenes oder selbst bestimmtes Wort im Wörterbuch zu finden.

Materialliste

- Kopiervorlage „Nachschlagen im Wörterbuch" (S. 37)
- Kopiervorlage „Nachschlagen in verschiedenen Büchern" (S. 38)
- für jedes Kind oder zumindest für ein Paar ein Wörterbuch (Klassenwörterbuch)

Das bereiten Sie vor

- Kopieren Sie beide Kopiervorlagen in Klassenstärke und fertigen Sie je eine weitere Kopie als Lösungsblatt an.
- Erstellen Sie die Lösungsblätter.
- Bereiten Sie das Abschlussspiel vor, indem Sie aus dem Klassenwörterbuch zwölf beliebige Begriffe mit Seitenzahl herausschreiben.

Stundenverlauf

1. Einstieg (5 – 10 min)

Wiederholen Sie gemeinsam mit den Kindern die Reihenfolge des Alphabets, indem Sie es laut aufsagen.

Erläutern Sie den Kindern den Sinn, den Aufbau und den Umgang mit dem Wörterbuch. Bitten Sie die Kinder, sich in einer Reihe nebeneinander nach dem Abc (Anfangsbuchstaben des Vornamens) aufzustellen: ganz links A, ganz rechts Z. Zählen Sie ab und teilen Sie die Klasse in zwei Hälften.

Die Kinder der ersten Hälfte stellen sich den Kindern der zweiten gegenüber. So erhalten Sie Paare, die in dieser Stunde zusammenarbeiten.

2. Arbeitsphase (25 min)

Die Kinder arbeiten in den Paaren zusammen. Sie bearbeiten zunächst die Kopiervorlage „Nachschlagen im Wörterbuch" (S. 37) und kontrollieren die Lösung am ausgehängten Lösungsblatt. Anschließend bearbeiten sie die Kopiervorlage „Nachschlagen in verschiedenen Büchern" (S. 38). Schnell arbeitende Schülerpaare stellen sich gegenseitig Nachschlageaufgaben. Ein Partnerkind sucht in seinem Buch ein Wort heraus, das andere muss es ebenfalls finden.
Schreiben Sie während der Arbeitsphase die zwölf Begriffe aus dem Klassenwörterbuch an die Tafel.

3. Sicherung (10 – 15 min)

Spielen Sie gemeinsam ein „Wörterbuch-Spiel", das nach den bekannnten Bingo-Regeln gespielt wird. Zeichnen Sie eine Tabelle mit neun Kästchen (3 x 3) an die Tafel. Bitten Sie die Schüler*innen, diese auf ein Blatt oder in ihr Heft zu übertragen. Zeigen Sie die zwölf Begriffe aus dem Klassenwörterbuch und lassen diese einmal vorlesen. Geben Sie fünf bis sieben Minuten als Zeitvorgabe an, in der die Kinder neun Begriffe auswählen, in die Felder der Tabelle schreiben und die passende Seitenzahl aus dem Wörterbuch suchen und aufschreiben. Nach Ablauf der Zeit lesen Sie die Begriffe in beliebiger Reihenfolge vor und notieren die Seitenzahl. Jedes Kind guckt, ob es den vorgelesenen Begriff in seiner Tabelle stehen hat, und kreuzt ihn evtl. an. Wer drei Begriffe nebeneinander angekreuzt hat, gewinnt.

Nachschlagen im Wörterbuch

Willst du wissen, wie ein Wort richtig geschrieben wird, schlage es im Wörterbuch nach. Dort sind die Wörter nach dem Abc geordnet.

Merkkasten

- Wie heißt der Anfangsbuchstabe?
- Gehört der Anfangsbuchstabe zum ersten Teil des Abc (A bis M) oder zum zweiten Teil (N bis Z)?
- Suche im Wörterbuch vorne (A bis M) oder hinten (N bis Z).
- Hast du den richtigen Anfangsbuchstaben gefunden, schaue dir den zweiten Buchstaben an. Gehört er zu den Buchstaben A bis M oder N bis Z? Suche am Anfang der Wörterliste oder eher gegen Ende.

1. Diese Tiere aus dem Zoo sollen sich nach dem Abc aufstellen. Hilf ihnen und schreibe ihre Namen in der richtigen Reihenfolge auf.

....

....

Kamel   Ziege   Elefant   Schlange   Fisch   Giraffe   Krokodil

2. Bei 3 Tierarten sind sich die Zoowärter unsicher. Kannst du helfen?

Tipp: Schaue dir den zweiten Buchstaben in jedem Wort an!

Kamel – Kuh – Krokodil

....

Kopiervorlage

Wichtige Informationen im Text markieren

Merkkasten

- Lies dir die Überschrift und den Text einmal komplett durch.
- Lies jeden Satz einzeln und markiere einzelne Wörter, die wichtig sind. Markiere möglichst wenige Wörter: Artikel und kleine Wörter, wie „und“, kannst du weglassen.
- Markieren bedeutet: Male das Wort mit einem **Markerstift** an oder unterstreiche das Wort mit **Stift** und **Lineal**.

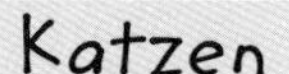

Katzen

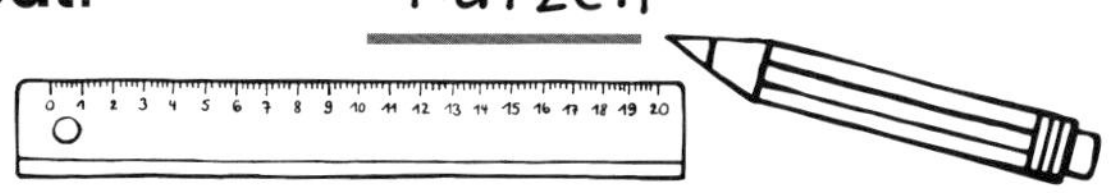

1. **Im Text unten sind zu viele Wörter markiert. Streiche die Wörter, die man weglassen kann, mit Bleistift durch. Die Zahl am Satzende sagt dir, wie viele Wörter du durchstreichen darfst.**

2. **Welche Wörter bleiben übrig? Schreibe sie auf.**

Haustiere

Die liebsten Haustiere der Deutschen sind Katzen und Hunde. **(3)** Kleintiere, Vögel und Fische gibt es eher selten. **(1)** Laut einer Umfrage gibt fast jede fünfte Person in Deutschland bis zu 25 Euro pro Monat für sein Haustier aus. **(2)**

Steckbrief

1. **Lies den Text und markiere die wichtigsten Informationen.**
2. **Fülle den Steckbrief aus.**

Der Hamster

Viele Kinder wollen als Haustier einen Hamster. Auch viele Eltern finden einen Hamster gut, denn er ist klein (nur 5 bis 30 cm) und leicht (100 bis 600 g). Er ist ein Einzelgänger und wird nur 2 Jahre alt. Der Hamster ist ein Säugetier. Sein lateinischer Name ist Cricetinae. Es gibt etwa 20 Hamsterarten, zum Beispiel den Zwerghamster oder den Feldhamster. Ursprünglich kommt er aus Nordafrika. Dort isst er Pflanzen, Samen, Wurzeln und Insekten. Ein freilebender Hamster hat Greifvögel und Wiesel als Fressfeinde. Er ist es deshalb gewohnt, sich viel zu bewegen und wegzulaufen. Als Haustier muss er keine Angst vor Fressfeinden haben.
Aber damit er sich wohlfühlt, braucht er ein Hamsterrad in seinem Käfig, in dem er sich bewegen kann. Meist tun Hamster das abends oder nachts, weil sie nachtaktive Tiere sind.
Am Tag ruhen sie sich aus.

Steckbrief Hamster

lateinischer Name ....

Hamsterarten ....

....

Daher kommt er ....

So groß wird er ....

So schwer wird er ....

So alt wird er ....

Das frisst er ....

Dann ist er aktiv
- ☐ am Tag
- ☐ in der Nacht

Seine Fressfeinde

....

Er lebt als
- ☐ Herdentier
- ☐ Rudeltier
- ☐ Einzelgänger

Lustige Gedichte leicht gelernt

Vielleicht bist du schon ein Gedicht-Fan. Wenn nicht, wirst du sicher bald einer werden, wenn du die lustigen Gedichte von Heinz Erhardt kennengelernt hast.

1. Lies beide Gedichte.

2. Suche dir ein Gedicht aus und schreibe es ab.

3. Lerne es mit der Häppchen-Technik.

Der Schmetterling

Es war ein buntes Ding,
ein sogenannter Schmetterling.
Der flog wie alle Falter
recht sorglos für sein Alter.
Er nippte hier – er nippte dort
und war er satt, so flog er fort.
Flog zu den Hyazinthen
und schaute nicht nach hinten.
So kam's, dass dieser Schmetterling
verwundert war, als man ihn fing.

Heinz Erhardt

Der Mathematiker

Es war sehr kalt, der Winter dräute,
da trat – und außerdem war's glatt –
Professor Wurzel aus dem Hause,
weil er was einzukaufen hat.

Kaum tat er seine ersten Schritte,
als ihn das Gleichgewicht verließ,
er rutschte aus und fiel und
brach sich
die Beine und noch das und dies.

Jetzt liegt er nun, völlig gebrochen,
im Krankenhaus in Gips und spricht:
„Ich rechnete schon oft mit Brüchen,
mit solchen Brüchen aber nicht!"

Heinz Erhardt

Klasse 3/4

Bundesländer
Flüsse
1. Rhein
2. Ruhr
3.
1. Schleswig-Holstein
2. Hessen
3. Bayern
4. Saarland
5. Nordrhein-Westfalen
6. Niedersachsen
7.
8.
9.
Bundesrepublik Deutschland
Euro
Städte
Hauptstadt
Berlin
1. Düsseldorf
2. Berlin
3. Hamburg
4. Bremen
5. Dresden
6.
spricht in Deutschland
Wie viele Nachbarländer hat Deutschland
Wie heißt der längste Fluss Deutschlands?
Kopiervorlage
Lernkarten schreibe
Lernkarten schreiben – So geht's
Einzelarbeit: Lies deinen Text (A oder B).
Markiere wichtige Informationen.
Schreibe zu jedem Satz eine Lernkarte.
Schon fertig? Tausche dich mit einem anderen Kind aus, das denselben Text gelesen hat:
• Habt ihr dieselben Lernkarten geschrieben?
• Habt ihr alle wichtigen Informationen aus dem Text aufgeschrieben?
Text A: Deutschland
Deutschland liegt auf dem Kontinent Europa. Die deutsche Hauptstadt heißt Berlin. Deutschland besteht aus 16 Bundesländern. Nachbarländer gibt es nur 9. Im Norden von Deutschland liegen die Nord- und die Ostsee. Im Süden von Deutschland gibt es hohe Berge, die Alpen. Der höchste Berg ist die Zugspitze. Der längste Fluss ist der Rhein.
Text B: Deutschland
In Deutschland spricht man Hochdeutsch. Es gibt aber auch Dialekte, wie Schwäbisch, Hessisch oder Sächsisch.
In Deutschland leben ca. 80 Millionen Menschen. Die meisten Menschen leben in Berlin. Neben Berlin sind aber auch Hamburg, München und Köln Städte mit mehreren Millionen Menschen. In Deutschland bezahlt man mit Euro. Früher zahlte man mit der D-Mark. Der offizielle Name von Deutschland ist „Bundesrepublik

13. Saubere Mappenführung

Darum geht's

Die Kinder überprüfen am Ende einer Einheit, ob ihre Mappe gut geführt wurde, und verbessern sie gegebenenfalls.

Kompetenzerwartungen

- Die Kinder kennen Kriterien für eine gelungene Mappenführung.
- Die Kinder sind in der Lage, ihre Mappe eigenständig mithilfe der Checkliste zu beurteilen und Verbesserungen vorzunehmen.

Materialliste

- Kopiervorlage „Mappenführung leicht gemacht" (S. 51)
- Kopiervorlage „Inhaltsverzeichnis" (S. 52)

Das bereiten Sie vor

- Nehmen Sie evtl. Ergänzungen auf der Checkliste (S. 51) vor.
- Kopieren Sie die Kopiervorlage „Mappenführung leicht gemacht" in Klassenstärke.
- Evtl. kopieren Sie auch die Kopiervorlage „Inhaltsverzeichnis" in Klassenstärke.
- Legen Sie für schnelle Schüler*innen zusätzliche Informations- oder Arbeitsblätter zum aktuellen Unterrichtsthema bereit.

Stundenverlauf

1. Einstieg (5 min)

Schreiben Sie das Stundenthema „Mappenführung" an die Tafel. Besprechen Sie mit der Klasse folgende Fragen:

- *Warum ist es wichtig, seine Mappe sauber und ordentlich zu führen?*
- *Wie sieht eine Mappe aus, die sauber und ordentlich geführt wurde?*

Nennen Sie den Stundeninhalt „Wir überprüfen unsere Mappe" und das Stundenziel „Wir haben sauber und ordentlich geführte Mappen".

2. Arbeitsphase (30 min)

Die Kinder überprüfen in Einzelarbeit mithilfe der Checkliste, ob sie ihre Mappe ordentlich geführt haben. Teilen Sie ggf. die Seite 52 aus.
Da damit zu rechnen ist, dass einige Kinder sehr viel, andere Kinder sehr wenig nacharbeiten müssen, ist es wichtig, dass sie Zusatzmaterialien bereithalten.

3. Sicherung (10 min)

Bitten Sie die Schüler*innen um ein Feedback. Sie sollen davon berichten, was sie in dieser Stunde gearbeitet haben und wie ihre Mappen nun aussehen. Nehmen Sie Bezug auf das Stundenziel. Wichtig ist es auch, sich Vorsätze für die Zukunft zu überlegen („In Zukunft kann ich meine Mappe besser führen, wenn ich …").

Als Zusatzaufgabe bietet es sich an, dass die Kinder am Ende der Einheit eine Mindmap erstellen, in der sie die Inhalte zusammenfassen. Diese können Sie auch gleichzeitig als Lernplakat nutzen.

Mappenführung leicht gemacht

In vielen Fächern führst du eine Mappe. Manche sagen auch Ordner oder Schnellhefter dazu. Dort sammelst du Arbeitsblätter und Blätter. Damit du dich im Thema zurechtfindest und dir kein Blatt fehlt, solltest du deine Mappe von Anfang an ordentlich führen.

- Lege ein Inhaltsverzeichnis an. Ergänze es nach jeder Stunde.
- Schreibe auf jedes Blatt sofort das Datum (rechts oben) und die Seitenzahl (rechts unten).
- Hefte die Blätter in der richtigen Reihenfolge ein.
- Zwischendurch oder wenn ein Thema zu Ende ist, überprüfe deine Mappe mit der Checkliste.

1. Überprüfe deine Mappe mit der Checkliste. Kreuze an.

2. Verbessere, wenn du ein 😐 oder ein ☹ angekreuzt hast.

Checkliste Mappenführung	☺	😐	☹
1. Ich habe ein Inhaltsverzeichnis.			
2. Mein Inhaltsverzeichnis ist vollständig ausgefüllt.			
3. Auf jeder Seite stehen das Datum und die Seitenzahl.			
4. Alle Blätter sind in der richtigen Reihenfolge eingeheftet und stimmen mit dem Inhaltsverzeichnis überein.			
5. Ich habe auf allen Seiten ordentlich geschrieben und gezeichnet. Ich habe mit Lineal unterstrichen und Fehler radiert, sauber durchgestrichen oder mit Tintenlöscher gelöscht.			
6. Ich habe Zeichnungen mit Bleistift angefertigt.			
7. Alle Aufgaben sind erledigt.			
8. Ich habe mit meinem Partnerkind überprüft, ob wir alle Blätter haben.			
9. Ich habe zu jedem Thema ein Deckblatt gestaltet.			
10.			

Inhaltsverzeichnis

Fach: ....

Thema/Themen: ....

Name: ....

Überschrift auf dem Blatt	Datum	Seite

14. Saubere Heftführung

Darum geht's

Die Kinder lernen, auf eine saubere Heftführung zu achten und ihr Heft mithilfe der Checkliste zu überprüfen.
Es bietet sich an, diese Stunde am Ende einer Unterrichtseinheit durchzuführen. Die Kinder können, bevor sie für eine Klassenarbeit lernen oder ihr Heft abgeben, überprüfen und nachbessern. Schnell arbeitende Kinder können die Zusatzaufgabe bearbeiten.

Kompetenzerwartungen

- Die Kinder kennen die Kriterien für eine saubere Heftführung.
- Sie können ihr eigenes Heft anhand einer Checkliste überprüfen und Verbesserungen vornehmen.

Materialliste

- Kopiervorlage „Saubere Heftführung" (S. 54)
- Kopiervorlage „Checkliste Heftführung" (S. 55)

Das bereiten Sie vor

Kopieren Sie beide Kopiervorlagen in Klassenstärke. Kopieren Sie die Kopiervorlage „Saubere Heftführung" ein weiteres Mal und erstellen Sie ein Lösungsblatt. Stellen Sie Zusatzmaterialien zum aktuellen Thema bereit (s. Arbeitsphase)

Stundenverlauf

1. Einstieg (5 – 10 min)

Sprechen Sie mit den Schüler*innen darüber, warum eine saubere Heftführung wichtig ist und wie diese aussehen kann.
Verteilen Sie die Kopiervorlagen, lesen Sie gemeinsam den Merkkasten und besprechen Sie die Aufgaben.

2. Arbeitsphase (25 min)

Die Schüler*innen bearbeiten zunächst die Kopiervorlage „Saubere Heftführung" in Einzelarbeit und kontrollieren mithilfe des Lösungsblattes ihre Ergebnisse. Anschließend überprüfen sie anhand der Checkliste, ob ihr eigenes Heft sauber geführt wurde, und bessern eventuell nach. Wer sein Heft sauber geführt und nichts nachzubessern hat, kann zum aktuellen Thema Zusatzaufgaben bearbeiten.

3. Sicherung (5 – 10 min)

Bitten Sie die Kinder um ein kurzes Feedback zur Arbeitsphase:
- *Was habt ihr gelernt?*
- *Wie viel musstet ihr verbessern?*
- *Was nehmt ihr euch für die Zukunft vor?*
- *Wer möchte, kann sein Heft den anderen zeigen.*

Saubere Heftführung

Die Heftführung verrät deiner Lehrkraft, ob du ordentlich arbeiten kannst und Interesse am Fach zeigst. Die Heftführung ist also so etwas wie eine Visitenkarte von dir.

Merkkasten

- Achte beim Einpacken in die Schultasche und beim Herausholen darauf, dass dein Heft keine Risse, Knicke oder Eselsohren bekommt.
- Sind alle Aufgaben vollständig?
  Arbeite nach, wenn du etwas vergessen hast.
- Achte auf Sauberkeit bei der Schrift, beim Zeichnen, beim Einkleben von Blättern.
- Beginne jeden Eintrag mit dem Datum, der Überschrift oder gib die Seite und die Aufgabennummer an.
- Verbessere Fehler sauber.
- Ergänze dein Heft durch eigene Ideen und Zusatzmaterialien, wenn deine Lehrkraft dies möchte.

1. Sieh dir das Blatt an.
Was hat das Kind falsch gemacht?
Schreibe auf.

....

....

....

....

....

....

....

....

4.5.2021

Der Igel

Der Igel isst ein
Seugetier. Er frisst gerne
Insekten. Er wird
10 – 45 cm groß.

S.66
a) Der Igel lebt
in Europa, Asien, Afrika

2. Streiche auf dem Blatt durch und verbessere.

Checkliste Heftführung

1. **Schätze mithilfe der Checkliste ein, ob dein Heft ordentlich geführt ist.**
2. **Dort, wo du ein ☹ angekreuzt hast, musst du nacharbeiten.**

Checkliste	☺	☹
Der Umschlag ist sauber und hat keine Eselsohren.		
Das Heft ist vollständig. Ich habe alle Aufgaben bearbeitet und aufgeschrieben.		
Jeder Eintrag beginnt mit … • dem Datum, • der Überschrift oder • mit der Seitenzahl und Aufgabennummer. Jede Überschrift ist unterstrichen.		
Ich habe auf freie Zeilen zwischen 2 Aufgaben geachtet.		
Ich habe den Rand frei gelassen.		
Ich habe Blätter an der richtigen Stelle eingeklebt.		
Ich habe ordentlich mit Füller geschrieben und sauber mit Bleistift gezeichnet.		
Ich habe mit Lineal unterstrichen.		
Fehler habe ich verbessert: • ordentlich durchgestrichen und richtig darübergeschrieben oder • mit dem Tintenlöscher verbessert		
Ich habe mein Heft mit eigenen Ideen oder Zusatzmaterialien verschönert.		

Informationen aus Texten entnehmen

Darum geht's

Die Kinder können gezielt Informationen aus Texten entnehmen und Fragen zu Texten beantworten. Sie können ebenso Fragen an einen Text stellen.

Kompetenzerwartungen

- Die Kinder können Texte lesen und Antworten auf Fragen im Text finden.
- Die Kinder können Fragen zu vorgegebenen Antworten finden.
- Zusatzaufgabe: Die Kinder können eigene Fragen an Texte stellen.

Materialliste

- Kopiervorlage „Was steht im Text?" (S. 57)
- Kopiervorlage „Fragen zum Text stellen" (S. 58)
- Lesebücher oder interessante Sachtexte (siehe „Das bereiten Sie vor")

Das bereiten Sie vor

- Kopieren Sie beide Kopiervorlagen jeweils in Klassenstärke und je eine zusätzliche Kopie als Lösungsblatt.
- Legen Sie die Lösungsblätter aus.
- Stellen Sie Lesebücher oder Kopien von interessanten Sachtexten und Blanko-Schreibblätter bereit.

Stundenverlauf

1. Einstieg (5 min)

Nennen Sie den Kindern das Thema der Stunde „Informationen aus Texten entnehmen und Fragen beantworten" und geben Sie einen kurzen Überblick über die Stunde.

2. Arbeitsphase (30 min)

Die Schüler*innen bearbeiten zunächst die Kopiervorlage „Was steht im Text?" in Einzelarbeit und vergleichen ihre Lösungen selbstständig mithilfe des ausgelegten Lösungsblattes.
Im Anschluss bearbeiten sie auch die Kopiervorlage „Fragen zum Text stellen" und vergleichen die Lösungen.

Zusatzaufgabe: Wer beide Aufgaben erledigt und verglichen hat, nimmt sich …

- sein Lesebuch und wählt einen beliebigen Text aus oder
- einen von Ihnen zur Verfügung gestellten Text
- ein DIN-A4-Schreibblatt

und findet zum Text fünf Fragen und schreibt sie auf das Blanko-Schreibblatt. Wichtig ist, dass die Kinder die Texte aus dem Lesebuch mit Titel und Seite angeben.

An einem von Ihnen verabredeten Treffpunkt im Klassenraum tauschen die Kinder, die die Zusatzaufgabe erledigt haben, ihre Frageblätter aus, um die Fragen der anderen zu beantworten.

3. Sicherung (10 min)

Reflektieren Sie mit den Schüler*innen kurz, ob es ihnen leicht- oder schwerfiel, die Aufgaben zu bearbeiten.

*Der erste Teil der Zusatzaufgabe (Fragen finden) kann in der Stunde bearbeitet werden. Die Kinder tauschen dann ihre Frageblätter, sodass jede*r die Fragen eines anderen Kindes als Hausaufgabe beantwortet.*

Was steht im Text?

1. **Bearbeite den Text so, wie es im Merkkasten steht.**
2. **Schreibe deine Antwort auf ein Schreibblatt.**

Merkkasten

- Lies den Text einmal komplett durch.
- Lies die Fragen zum Text einmal komplett durch.
- Unterstreiche jede Frage mit einer anderen Farbe.
- Lies den Text noch einmal. Achte darauf, wo du Informationen zu welcher Frage erhältst. Unterstreiche die Informationen, die zur jeweiligen Frage passen, in der Farbe der Frage.
- Schreibe die Antworten auf die Fragen heraus. Achte auf die Farben.

Ein verregneter Sonntag

Luisa sitzt auf ihrem Bett und schaut aus dem Fenster. Wieder einmal regnet es. Und das an einem Sonntag! Ihr ist total langweilig. Ihre Eltern und ihr kleiner Bruder Hannes sitzen im Wohnzimmer und spielen Memory. Darauf hat Luisa aber überhaupt keine Lust. Das ist doch ein Babyspiel, denkt sie.
Als sie an die Fensterscheibe guckt, sieht sie, wie Regentropfen langsam von oben nach unten fließen und eine durchsichtige Linie auf der Scheibe hinterlassen. Irgendwie sieht das alles nur schwarz-weiß und traurig aus.

Plötzlich fällt Luisa etwas ein. Neulich in der Schule haben sie mit Wasserfarben experimentiert. Ihr Bild sah so ähnlich aus wie die Linien an der Scheibe. Schnell holt sie ihren Wasserfarbkasten, ein großes Blatt Papier, einen Wasserbecher und 3 Pinsel. Sie nimmt viel Wasser und malt bunte Farblinien, die ineinander verlaufen. Genauso wie die Regentropfenlinien auf der Fensterscheibe. Nur bunt und schön. Auf einmal ist Luisa fröhlich und ihr ist gar nicht mehr langweilig.

Fragen

- Wer ist die Hauptperson der Geschichte?
- Wann spielt die Geschichte?
- Welches Problem hat Luisa?
- Warum spielt sie nicht mit ihrer Familie Memory?
- Welche Idee hat Luisa?
- Wie geht es ihr am Ende der Geschichte?

Texte zusammenfassen

Merkkasten

- Lies den kompletten Text.
- Sieh dir den Text an:
  - Gibt es Zwischenüberschriften? → Markiere sie.
  - Gibt es Abschnitte? → Ziehe mit einem Lineal einen Strich nach jedem Abschnitt und nummeriere die Abschnitte, indem du eine Zahl an die Seite des Abschnittes schreibst.
- Lies jeden Abschnitt einzeln. Unterstreiche wichtige Informationen und fasse den Abschnitt mit einem Satz oder wenigen Stichwörtern zusammen.
- Schreibe am Ende eine komplette, möglichst kurze Zusammenfassung zum Text.

1. **Sieh dir das Beispiel unten an.**
2. **Schreibe auf die Linien, was gemacht wurde. Diese Wörter helfen dir:** in Abschnitte einteilen, Zwischenüberschriften markieren, Abschnitte zusammenfassen, eine kurze Zusammenfassung schreiben

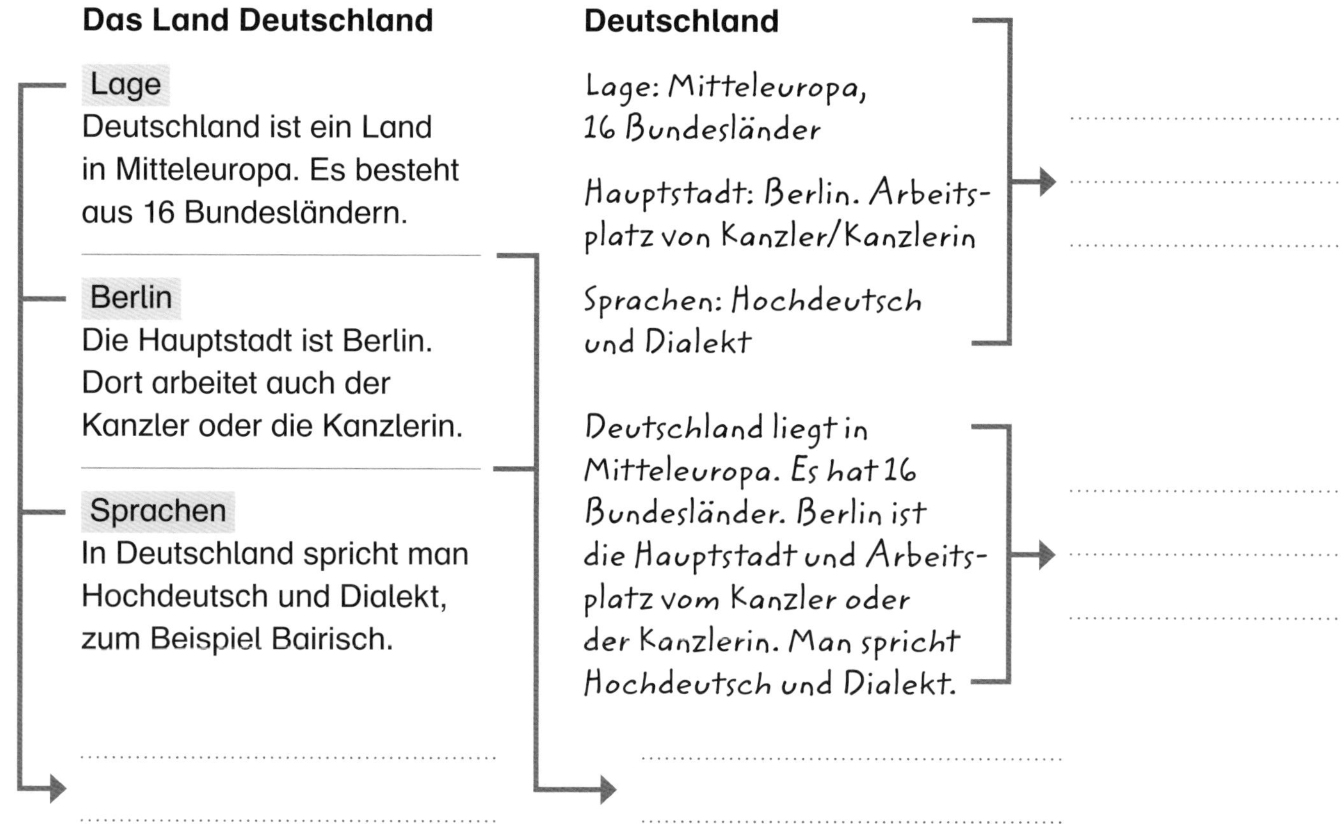

Texte zusammenfassen – Probiere es selbst

1. **Lies deinen Text.**
2. **Schreibe eine kurze Zusammenfassung. Der Merkkasten vom Arbeitsblatt „Texte zusammenfassen“ hilft dir.**

Wintersportarten

Wintersportarten können nur im Winter betrieben werden, weil man dafür Schnee und Kälte braucht. Man teilt sie ein in:

Wintersportarten ohne Skier
Das sind die Sportarten, die in einem Eiskanal durchgeführt werden: Bobfahren, Rennrodeln und Skeleton. Die Sportler und Sportlerinnen liegen dabei auf dem Bauch oder auf dem Rücken und fahren mit einem Schlitten durch einen Eiskanal.

Wintersportarten mit Skiern
Neben dem Ski alpin, dem Abfahrtslauf, gibt es den Skilanglauf, das Skispringen und weitere Sportarten, bei denen die Sportler und Sportlerinnen Skier an den Füßen haben.

Wintersportarten auf dem Eis
In der Eishalle finden Eiskunstlauf und Eisschnelllauf statt.

Olympische Spiele

Alle 4 Jahre gibt es Olympische Spiele.

Geschichte
Die ersten Olympischen Spiele fanden bereits im alten Griechenland statt. Dann war lange Zeit Pause. Die ersten Olympischen Spiele der Neuzeit gab es im Jahr 1896. Anfangs gab es nur Sommerspiele, seit fast 100 Jahren gibt es auch Winterspiele.

Der olympische Gedanke
Es treten Sportler und Sportlerinnen aus vielen Ländern gegeneinander an. Neben den Medaillen ist auch die Völkerverständigung ein großes Ziel: Deshalb ziehen die Sportler und Sportlerinnen bei der Auftaktveranstaltung nach Ländern geordnet ins Stadion. Bei der Abschlussveranstaltung sind alle bunt gemischt.

Sportarten
Bei den Sportarten gibt es ab und zu Änderungen: Immer dabei sind Leichtathletik, Schwimmen, Fechten, Kunstturnen (Sommer) und nordischer Skisport, Eisschnelllauf, Eiskunstlauf und Eishockey (Winter).

Viele Lern-Typen

Menschen sind verschieden. Und sie lernen auch auf verschiedene Arten. Der eine liest einen Text und merkt sich gleich alle Informationen, ein anderer kann sich etwas nur merken, wenn er es sich aufschreibt.

Man nennt den Sinn, den jemand beim Lernen besonders benutzt, den **Lernkanal**. Man teilt die Menschen in verschiedene Lern-Typen ein, je nachdem, welchen Lernkanal sie wählen:

- Seh-Typen lernen am leichtesten, wenn sie etwas **sehen**.
- Hör-Typen lernen am leichtesten, wenn sie etwas **hören**.
- Hand-Typen lernen am leichtesten, wenn sie etwas **tun**.
- Sprech-Typen lernen am leichtesten, wenn sie jemandem etwas **erzählen**.

1. Was fiel dir beim Lern-Typen-Test am leichtesten? Trage ein ☺, 😐 oder ☹:

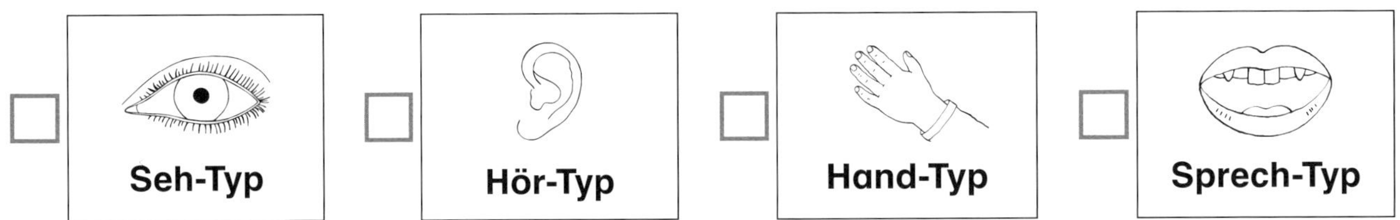

2. Lies die Aussagen der Kinder.
Schreibe auf die Linien, welcher Lern-Typ die Kinder sind.

1) **Murat:** Ich muss nicht viel lernen. Ich höre einfach nur gut zu, wenn mein Lehrer etwas erklärt.
2) **Lena:** Mir macht es Spaß, wenn wir Experimente durchführen.
3) **Leon:** Ich lerne gerne zusammen mit meinen Freunden. Wir sind richtige Experten und bringen uns gegenseitig etwas bei.
4) **Pia:** Wenn ich einen Text nur ein einziges Mal gelesen habe, vergesse ich nie wieder, was darinsteht.
5) **Antonio:** Wenn mein Lehrer etwas erklärt, vergesse ich das ganz schnell. Wenn ich mir aber Notizen dazu mache, kann ich es mir merken.

Lernen mit allen Sinnen

Super, wenn du weißt, welcher Lern-Typ du bist. Dann fällt es dir bestimmt leichter, etwas zu lernen. Noch besser geht es, wenn du versuchst, möglichst viele oder sogar alle Lernkanäle zu berücksichtigen.
Hier findest du verschiedene Tipps.

1. **Lies die Tipps.**
2. **Überlege, zu welchem Lern-Typ oder zu welchem Lernkanal der Tipp gehört. Male das Bild vom passenden Lern-Typ in den Kasten vor dem Tipp.**

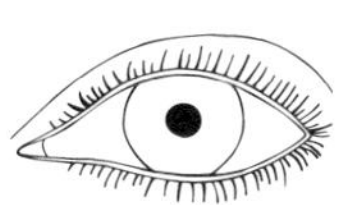

Seh-Typ

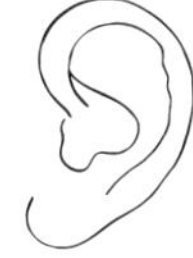

Hör-Typ

Sprech-Typ

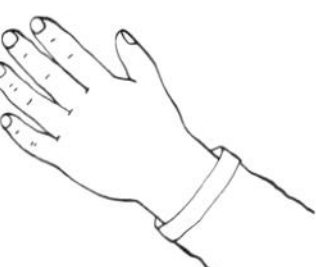

Hand-Typ

Lern-Typ	Tipp
	Ich erzähle meiner Mutter, was ich gelernt habe.
	Ich schreibe ein Lernplakat.
	Ich lese den Text durch.
	Ich unterstreiche im Text wichtige Informationen und schreibe sie auf.
	Ich lerne die Informationen, indem ich sie laut vorlese.
	Ich hänge das Lernplakat an meine Zimmertür und lese es jedes Mal, wenn ich rein- und rausgehe.
	Ich tausche mich in der Schule mit anderen Kindern aus.
	Ich nehme die Informationen zum Beispiel mit dem Handy auf und höre sie mir an.

Wie kannst du nun am besten lernen und möglichst viele Lernkanäle einbeziehen?

3. **Lies dir die Tipps oben noch einmal durch.**
4. **Schreibe eine Checkliste mit einigen der Tipps in dein Heft oder auf ein Blatt. Achte auf eine sinnvolle Reihenfolge.**

Mit einem Zeitplan für eine Klassenarbeit lernen (2/2)

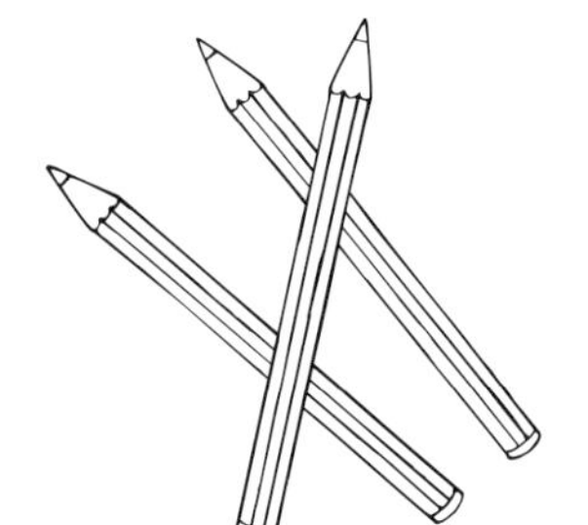

3. **Male die Tage im Merkkasten von S. 67 mit unterschiedlichen Farben an.**
4. **Lies dir die Tipps in den Kästchen unten durch. Zu welchem Tag gehört welcher Tipp? Male den Tipp in der passenden Farbe an.**
5. **Schreibe die Tage und Tipps zusammen auf ein Blatt. Schreibe So:**

   Tag 7: Sortiere deine Unterlagen, verschaffe dir einen Überblick!

   Tipp: Ich überprüfe mit meinem Inhaltsverzeichnis …

Ich wiederhole alles ein letztes Mal.	Ich rufe meine Freundinnen und Freunde an oder gucke im Schulbuch nach, was ich nicht verstehe.	Ich schreibe eine kurze Zusammen-fassung. (Hand-Typ)	Ich erstelle eine Mind-map. So kann ich sehen, was ich alles lernen muss.
Ich lese mir alles einmal komplett durch. (Seh-Typ)	Ich treffe mich mit meinen Freundinnen und Freunden. Wir fragen uns gegenseitig ab.	Ich lese alles durch und schreibe mir auf, was ich nicht verstanden habe.	Ich lese alles laut vor oder nehme es auf und höre es mir an. (Hör-Typ)
Ich überprüfe mit meinem Inhalts-verzeichnis, ob ich alle Blätter in der Mappe habe.	Ich bitte meinen Lehrer oder meine Lehrerin mir etwas noch einmal zu erklären.	Ich erzähle meiner Mama oder meinem Papa, was ich gelernt habe.	Ich treffe mich mit Freundinnen und Freunden zum Spielen oder mache etwas Schönes zur Entspannung.

19. Lernen mit der Lernstraße

Darum geht's

Die Kinder lernen die Mnemotechnik „Lernstraße" kennen und wenden diese an.

Kompetenzerwartungen

- Die Kinder entnehmen Informationen aus kurzen Texten.
- Die Kinder gestalten eine Lernstraße.
- Die Kinder merken sich Informationen mithilfe der Mnemotechnik „Lernstraße".

Materialliste

- Kopiervorlage „Lernen mit der Lernstraße (1/2)" (S. 70)
- Kopiervorlage „Lernen mit der Lernstraße (2/2)" (S. 71)

Das bereiten Sie vor

- Kopieren Sie beide Kopiervorlagen in Klassenstärke.
- Kopieren Sie die Kopiervorlage „Lernen mit der Lernstraße (2/2)" einmal auf DIN-A3-Papier.

Stundenverlauf

1. Einstieg (5 min)

Zeigen Sie den Schüler*innen die Kopiervorlage „Lernen mit der Lernstraße (2/2)" (vergrößert). Besprechen Sie mit den Kindern, wie die Lernstraße aufgebaut ist.

Verteilen Sie beide Kopiervorlagen und besprechen Sie die Arbeitsaufträge und den Ablauf der Arbeitsphase.

2. Arbeitsphase (30 min)

Die Schüler*innen bearbeiten in Einzelarbeit beide Kopiervorlagen.

Wer die Aufgaben beendet hat, versucht, sich die Stationen einzuprägen, indem er im Kopf jede Station abgeht und die dort sichtbare Information im Geiste „liest". Schüler*innen, die sich sicher fühlen, treffen sich mit einem Partnerkind an einem vorher vereinbarten Treffpunkt (Haltestelle) und versuchen, gemeinsam den Weg und die Informationen (ohne auf das Blatt zu schauen) aufzusagen.

3. Sicherung (10 min)

Reflektieren Sie mit den Kindern die Mnemotechnik „Lernstraße":

- *Hilft dir diese Mnemotechnik?*
- *Kannst du damit gut umgehen? ...*

Bitten Sie freiwillige Schüler*innen, die Stationen der Lernstraße aus dem Kopf aufzusagen.

Sollten die Schüler*innen in der Arbeitsphase mehr Zeit benötigen, kann diese Phase entfallen.

Alternativ können Sie das Lernen mit der Lernstraße auch als Hausaufgabe aufgeben.

*Kopieren Sie vor der nächsten Klassenarbeit die Kopiervorlage „Lernen mit der Lernstraße (2/2)" und lassen Sie die Schüler*innen als Hausaufgabe den Lernstoff mithilfe der Lernstraße aufarbeiten und lernen.*

Mit Lernkarten arbeiten

Merkkasten

- Zuerst legst du alle Karten auf einen Stapel.
- Nimm die erste Karte und lies die Frage.
- Beantworte die Frage und drehe die Karte um. Alles richtig? Gut, dann kommt die Karte zur Seite. Hast du die Antwort nicht gewusst, steckst du die Lernkarte in den Stapel zurück.
- Frage dich so lange ab, bis du alle Antworten sicher weißt.

1. **Einzelarbeit:**
   Lerne deine Lernkarten auswendig.

2. **Partnerarbeit:**
   Triff dich mit einem Partnerkind, das den anderen Text gelesen hat. Fragt euch gegenseitig ab.

3. **Spielt mit allen Karten.**
   Legt dazu alle Karten mit der Frageseite nach oben auf den Tisch. Wechselt euch ab: Jedes Kind darf sich eine Karte aussuchen und die Antwort nennen. Ist sie richtig, darf man die Karte behalten.

4. **Spielt das Spiel auch andersrum:**
   Legt die Karten mit der Antwortseite nach oben auf den Tisch und stellt die richtigen Fragen.

22. Lernen mit Eselsbrücken

Darum geht's

Die Kinder lernen Eselbrücken kennen und formulieren selbst Eselsbrücken.

Kompetenzerwartungen

- Die Kinder wissen, was eine Eselsbrücke ist.
- Sie können einige Eselsbrücken auswendig aufsagen.
- Sie formulieren eigene Eselsbrücken.

Materialliste

- Kopiervorlage „Lernen mit Eselsbrücken" (S. 78)
- Kopiervorlage „Viel Spaß mit Eselsbrücken" (S. 79)
- 14 DIN-A4-Blätter als Plakate (siehe „Das bereiten Sie vor")
- pro Kind mehrere DIN-A5-Blätter (blanko)

Das bereiten Sie vor

- Kopieren Sie beide Kopiervorlagen in Klassenstärke.
- Fertigen Sie DIN-A4 große Plakate an, auf die Sie groß die acht Planetennamen und die sechs Namen der größten deutschen Städte schreiben (pro Blatt ein Name).

Stundenverlauf

1. Einstieg (10 min)

Hängen Sie alle Plakate ungeordnet an die Tafel. Alternativ können Sie sich mit den Kindern auch im Sitzkino treffen und die Plakate auf den Boden legen. Bitten Sie die Kinder, die Plakate zu sortieren. Erklären Sie den Kindern, dass Sie mit ihnen einen Test machen möchten. Sie lesen zunächst die richtige Reihenfolge der Planeten und Großstädte vor (siehe Kopiervorlage S. 78), nicht jedoch die Eselsbrücke. Anschließend sollen sich die Kinder mit ihrem Sitznachbarkind eine Minute lang gegenseitig Rechenaufgaben stellen.

Nun bitten Sie die Kinder, die Plakate in die richtige Reihenfolge zu bringen. Dies wird den meisten Kindern schwerfallen. Schreiben Sie beide Eselsbrücken an die Tafel und erklären Sie das Prinzip der Eselsbrücken. Nun kann leichter geordnet werden.

2. Arbeitsphase (25 min)

Die Kinder bearbeiten beide Kopiervorlagen in Einzel- oder Partnerarbeit.

3. Sicherung (10 min)

Wischen Sie die Eselsbrücken an der Tafel weg, mischen Sie die Plakate und bitten Sie zwei Kinder, die Planeten und Großstädte wieder in die richtige Reihenfolge zu bringen.

Reflektieren Sie mit den Schüler*innen, was sie gelernt haben.

Wenn Sie noch genügend Zeit übrig haben, können die Kinder ihre eigenen Eselsbrücken auf DIN A5 große Blankoblätter schreiben. Daraus kann ein großes Plakat gestaltet werden, das im Klassenzimmer aufgehängt wird.

*Zum Abschluss oder zur Wiederholung bilden Sie einen Doppelkreis. Die Schüler*innen des Innenkreises halten beide Kopiervorlagen in den Händen und dürfen dort die Lösungen nachsehen. Die Kinder des Außenkreises geben die Antwort. Nennen Sie jeweils ein Thema einer Eselsbrücke. Nach ca. fünf Runden wechseln die Außenkreiskinder mit den Innenkreiskindern den Platz.*

23. Mündliche Mitarbeit

Darum geht's

Die Kinder erfahren, wie es ihnen gelingt, ihre mündliche Mitarbeit zu verbessern. Sie erhalten Hinweise darauf, was von Lehrkräften erwartet wird und wie sie sich verbessern können.

Kompetenzerwartungen

- Die Kinder kennen Kriterien für eine gute mündliche Mitarbeit.
- Die Kinder kennen Mutmachsprüche und deren Sinn.
- Sie können einen eigenen Mutmachspruch für sich selbst auswählen und ihre Wahl begründen.

Materialliste

- Kopiervorlage „Top in der mündlichen Mitarbeit" (S. 81)
- Kopiervorlage „Top in der mündlichen Mitarbeit – Das schaffst du!" (S. 82)

Das bereiten Sie vor

Kopieren Sie beide Kopiervorlagen in Klassenstärke.

Stundenverlauf

1. Einstieg (10 min)

Überlegen Sie gemeinsam mit den Kindern, warum es wichtig ist, dass man sich mündlich gut beteiligt und wie man dies tut. Halten Sie die Ideen der Schüler*innen stichwortartig an der Tafel fest.

2. Arbeitsphase (20 min)

Die Schüler*innen bearbeiten die Kopiervorlage „Top in der mündlichen Mitarbeit" in Partnerarbeit (Aufgabe 1 und 2) und Einzelarbeit (Aufgabe 3).

Anschließend bearbeiten sie die Kopiervorlage „Top in der mündlichen Mitarbeit – Das schaffst du!" in Einzelarbeit. Geben Sie den Kindern genügend Zeit, den Lieblingsspruch schön anzumalen. In der Zeit des Anmalens lesen sie ihn unterbewusst mehrfach und prägen ihn sich so ein.

3. Sicherung (15 min)

Reflektieren Sie mit den Kindern:

- *Wie sieht es mit eurer mündlichen Mitarbeit aus?*
- *Was habt ihr herausgefunden?*
- *Warum ist es gut, sich mündlich zu beteiligen?*

Lesen Sie die Mutmach-Sprüche gemeinsam und überlegen Sie zusammen, was sie bedeuten können und warum sie jemandem Mut machen können. Bitten Sie die Kinder, ihren Lieblingsspruch vorzustellen und zu begründen, warum ihnen gerade dieser Spruch so gut gefällt.

Sie können die Kinder zusätzlich unterstützen, indem Sie die ausgeschnittenen Lieblingssprüche laminieren und die Kinder auffordern, diese auf ihren Schultischen sichtbar auszulegen.

*Statt die Sprüche zu laminieren, können die Schüler*innen diese auch auf festen Karton schreiben oder kleben.*

Top in der mündlichen Mitarbeit

Nicht nur die Noten aus Tests und Klassenarbeiten ergeben deine Endnote auf dem Zeugnis. Auch die mündliche Mitarbeit zählt dazu, in manchen Fächern sogar mehr als die Klassenarbeiten.

Merkkasten

- Sei dazu bereit, mündlich gut mitzuarbeiten.
- Bereite dich zu Hause vor: Schaue dir an, was ihr in der letzten Stunde gemacht habt. Versuche, dir Wichtiges zu merken. Hast du etwas nicht verstanden, schreibe es auf und frage bei deiner Lehrkraft nach.
- Versuche, dich immer im Unterricht zu beteiligen. Auch wenn mal eine Antwort falsch ist, ist das nicht schlimm! Probiere es trotzdem!
- Zeige deiner Lehrkraft, dass du aufmerksam bist und mitdenkst.
- Traue dich! Wenn du Fragen hast oder etwas nicht verstanden hast, traue dich, nachzufragen. Deine Lehrkraft wird es gut finden, dass du nachfragst!

1. Lies dir den Merkkasten gemeinsam mit einem Partnerkind durch. Sprecht über eure mündliche Mitarbeit. Wie verhaltet ihr euch?

2. Überlege mit einem Partnerkind: Welche Vorteile hast du davon, wenn du mündlich gut mitarbeitest? Schreibt gemeinsam 3 Punkte auf.

3. Arbeite nun wieder allein. Überdenke einmal dein Verhalten. Kreuze in der Checkliste unten an:
☺ mache ich   😐 mache ich manchmal   ☹ mache ich noch zu wenig

Checkliste mündliche Mitarbeit	☺	😐	☹
Ich lese meine Hausaufgaben und Arbeitsergebnisse vor.			
Ich präsentiere Ergebnisse aus Gruppenarbeiten.			
Ich lese Texte aus dem Buch vor.			
Ich frage nach, wenn ich etwas nicht kapiert habe.			
Ich helfe, wenn andere eine Frage haben.			
Ich bin aufmerksam und beteilige mich am Unterrichtsgespräch.			
Ich wiederhole zu Hause und bereite mich vor.			

Top in der mündlichen Mitarbeit – Das schaffst du!

Du willst deine mündliche Mitarbeit verbessern?
Aber du traust dich nicht, etwas zu sagen, weil du schüchtern bist oder Angst hast, dass du etwas Falsches sagst?
So wie dir geht es vielen.
Mutmach-Sprüche helfen einem, die Angst zu überwinden, denn die ist gar nicht nötig!

1. **Lies die Mutmach-Sprüche.**

2. **Suche dir den Spruch aus, der dir am besten gefällt. Male ihn schön an.**

   Tipp: Du kannst den Spruch auch ausschneiden und laminieren. Oder du schreibst ihn auf ein Stück Pappe ab.

3. **Lege dir den Spruch ins Mäppchen oder auf deinen Schultisch, sodass du ihn gut sehen kannst und er dir Mut macht.**

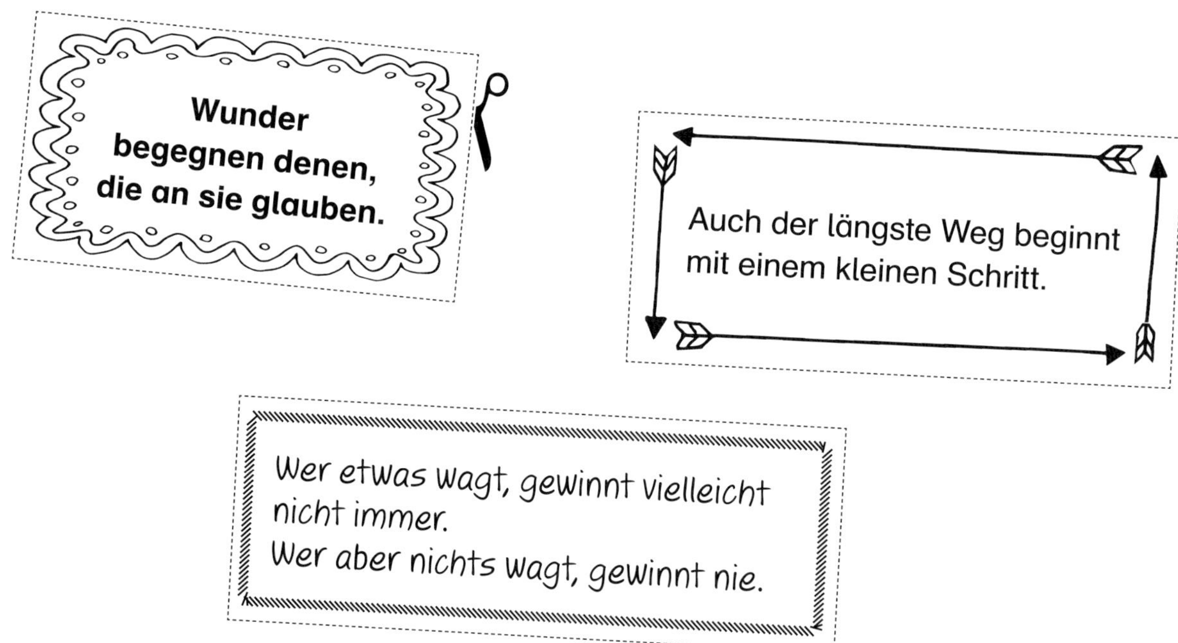

Wenn dir das Leben Steine in den Weg legt, hebe sie auf und male sie an.

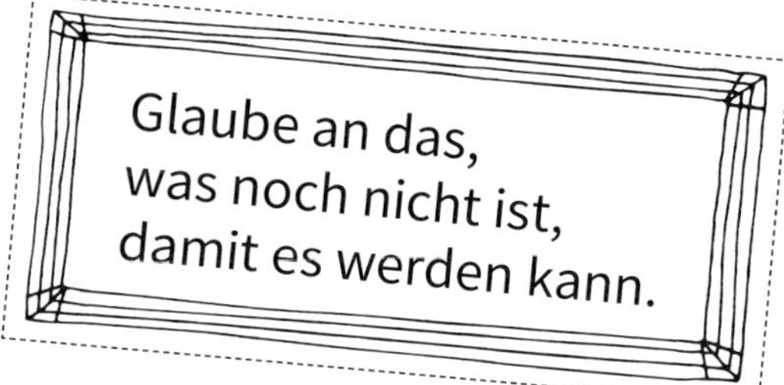

24. Ein gutes Thema für eine Präsentation finden

Darum geht's

Die Kinder lernen verschiedene Aspekte eines Themas kennen und sich für ein bestimmtes Thema zu entscheiden.

Kompetenzerwartungen

- Die Kinder kennen das Brainstorming und die Mindmap als Hilfen für die Themensuche.
- Die Kinder kennen Kriterien für gute Themen.

Materialliste

- Kopiervorlage „Ein gutes Thema für eine Präsentation finden" (S. 84)
- Kopiervorlage „Checkliste für ein gutes Thema" (S. 85)

Das bereiten Sie vor

- Kopieren Sie die Kopiervorlage „Ein gutes Thema für eine Präsenation finden" (S. 84) in Klassenstärke.
- Kopieren Sie die Kopiervorlage „Checkliste für ein gutes Thema" einmal für jede Gruppe.
- Nehmen Sie eine Gruppeneinteilung vor und halten Sie diese schriftlich fest (z. B. jede Gruppe auf einem andersfarbigen DIN-A4-Blatt). Alternativ können sich die Gruppen auch spontan in der Stunde zusammenfinden.

Stundenverlauf

1. Einstieg (10 min)

Sammeln Sie im Brainstorming Ideen für ein Thema einer Präsentation und schreiben Sie diese untereinander an die Tafel. Greifen Sie einzelne Vorschläge auf (z. B. Tiere) und fragen Sie nach, was genau die Kinder dazu erarbeiten würden. Erarbeiten Sie mit den Kindern eine Mindmap zum Thema „Tiere".

Zeigen Sie die Kopiervorlage „Ein gutes Thema für eine Präsentation finden" und erläutern Sie die Arbeitsaufträge.

2. Arbeitsphase (20 min)

Es wird in Kleingruppen mit einer Teilnehmerzahl von drei bis fünf Kindern gearbeitet. Gemeinsam einigen sich die Gruppen jeweils auf ein Thema und arbeiten Aspekte des Themas heraus.

Anschließend reflektieren die Gruppen anhand des Kriterienbogens (S. 85), ob sich das gewählte Thema für eine Präsentation eignet oder nicht.

Kleingruppen, die die Aufgabe erledigt haben, treffen sich an einem zuvor festgelegten Ort im Klassenraum (Haltestelle), präsentieren ihre Überlegungen der anderen Gruppe und lassen sich Tipps geben, was noch ergänzt werden könnte.

3. Sicherung (15 min)

Je nach Klassengröße können einzelne Gruppen exemplarisch oder alle Gruppen ihre Themen-Vorschläge vorstellen. Die Zuhörenden geben Tipps und Hinweise, was sie noch am Thema interessieren würde.

Bitten Sie dann die Schüler*innen, Ihnen eine Rückmeldung zu geben, wie sie in der Arbeitsphase vorangekommen sind. Dabei überlegen sie:

- *War es einfach oder schwer, ein Thema zu finden?*
- *Haben euch das Brainstorming und die Mindmap geholfen?*
- *Wie funktionierte die Arbeit in der Gruppe?*
- *Würdet ihr beim nächsten Mal etwas anders machen?*

Ein gutes Thema für eine Präsentation finden

Wenn ihr in der Gruppe eine Präsentation vorbereitet, ist es wichtig, dass ihr bereits bei der Themenwahl genau überlegt, was ihr machen wollt:

Merkkasten

- Sammelt mehrere Themen, die euch gefallen könnten.
- Einigt euch auf ein Thema, das alle gut finden.
- Probiert mit einer Mindmap aus, ob ihr auch genügend Informationen zu diesem Thema findet, damit die Präsentation auch für die Zuhörer interessant wird.
  Schreibt möglichst viele Unterthemen in eure Mind-map!

Beispiel: Mindmap Tiere

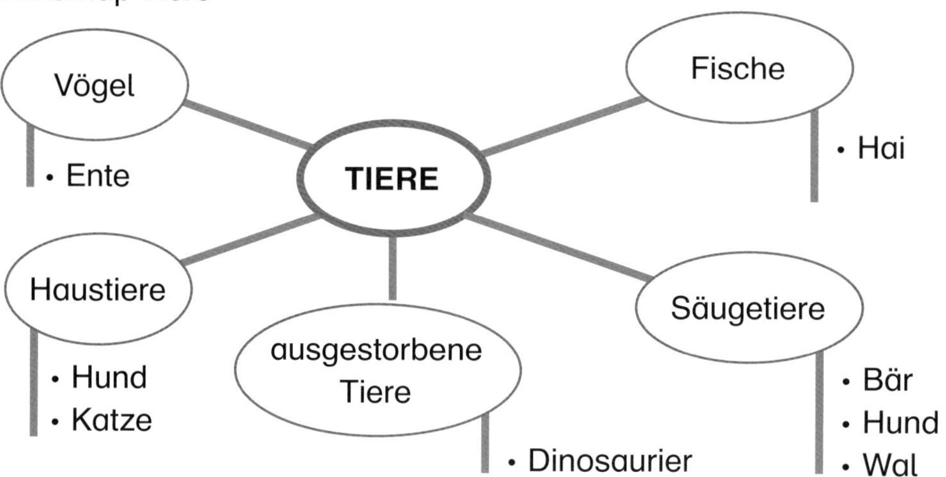

- Seht euch die Mindmap an.
  Markiert mindestens 6 Unterthemen in der Mindmap, die ihr in eurer Präsentation berücksichtigen wollt.

Noch ein Tipp:
Achtet bei der Themenwahl darauf, dass das Thema …
- **nicht zu weit gefasst ist** → Es sollte nicht zu viele Unterthemen geben, wie zum Beispiel beim Thema „Die Länder der Erde".
- **nicht zu eng gefasst ist** → Es sollte nicht passieren, dass euch kaum etwas einfällt, was ihr präsentieren könnt.

1. **Sucht euch ein Thema, das ihr als Gruppe präsentieren wollt.**
2. **Schreibt eine Mindmap zu diesem Thema.**
3. **Überprüft mit der Checkliste von S. 85, ob ihr ein gutes Thema gefunden habt.**

Checkliste für ein gutes Thema

Ob sich euer Thema für eure Präsentation gut eignet, könnt ihr anhand der Checkliste überprüfen.

1. **Lest die Checkliste.**
2. **Kreuzt für euer Thema das richtige Kästchen an.**
3. **Überarbeitet euer Thema.**

Kriterien für ein gutes Thema	**stimmt** ☺	**stimmt zum Teil** 😐	**stimmt nicht** ☹
Das Thema gefällt allen Gruppenmitgliedern.			
Das Thema ist sicher auch für die anderen Kinder aus unserer Klasse interessant.			
Wir haben zum Thema mindestens 6 Unterthemen gefunden.			
Wir haben 6 bis 8 Unterthemen markiert, die in der Präsentation vorgestellt werden sollen.			

25. Ein Plakat gestalten

Darum geht's

Die Kinder lernen, wie man ein Plakat gestaltet.
Sie lernen ein sinnvolles Vorgehen in einzelnen Schritten und Kriterien für ein gelungenes Plakat kennen.

Kompetenzerwartungen

- Die Kinder wissen, wie man bei der Gestaltung eines Plakates vorgeht.
- Sie können ein Plakat in der Gruppe gestalten.
- Sie wissen, welche Kriterien ein gelungenes Plakat ausmachen.

Materialliste

- Kopiervorlage „Ein Plakat gestalten"" (S. 87)
- Kopiervorlage „Checkliste Plakatgestaltung" (S. 88)
- pro Gruppe ein Plakat (DIN A2), DIN-A4-Blätter (blanko) zum Skizzieren des Plakates, DIN-A5-Blätter (blanko) zum Notieren von Informationen, Kopien oder Bücher zu den Themen, zu denen die Kinder Plakate gestalten sollen (siehe Tipps)

Das bereiten Sie vor

- Kopieren Sie beide Kopiervorlagen in Klassenstärke.
- Stellen Sie die weiteren Materialien bereit (siehe Tipps).

Stundenverlauf

1. Einstieg (5 min)

Besprechen Sie mit den Kindern den Ablauf der Stunde, teilen Sie die Gruppen ein und verteilen Sie die Materialien. Da für die Arbeitsphase viel Zeit benötigt wird, sollte die Einstiegsphase kurz sein.

2. Arbeitsphase (35 min)

Die Kinder gestalten in der Gruppe (drei bis fünf Kinder) ein Plakat. Zunächst lesen sie sich die Kopiervorlage „Ein Plakat gestalten" (S. 87) und die Materialien zum Thema durch. Dann planen Sie das Plakat auf einem Blanko-Blatt und kontrollieren ihren Entwurf mithilfe der Checkliste (S. 88). Anschließend gestalten sie ihr Plakat.

3. Sicherung (5 min)

Hängen Sie alle Plakate an die Tafel. Bilden Sie mit den Schüler*innen einen Halbkreis vor der Tafel und bitten Sie um eine kurze Beurteilung der Plakate. Welche sind gelungen, warum ist das so? Wo kann noch weitergearbeitet werden?

- *Wenn Sie diese Stunde als Folgestunde der Stunde „Ein gutes Thema für eine Präsenation finden" durchführen, sollten Sie die Kinder ihre Themen frei wählen und Materialien dazu als Hausaufgabe beschaffen lassen. Wird die Stunde unabhängig durchgeführt, bieten sich folgende Themen mit Unterthemen für die Gruppen an:*
  Tiere (einzelne Tiere), Europa (einzelne Länder), Menschen in anderen Zeiten (Römer, Ritter, Steinzeitmenschen).
- *Suchen Sie Materialien (Kopien von Informationstexten, Bilder) heraus und geben Sie Kategorien (z. B. Tiere: Aussehen, Größe, Lebensraum, Nahrung, Besonderheiten …) vor.*
- *Stehen nicht mehr als 45 Minuten Zeit zur Verfügung, sollten Sie pro Gruppe nur einen Text ausgeben, der schnell gelesen werden kann.*

Ein Plakat gestalten

erledigt

1. **Sucht ein gutes Thema aus.** .... Deutschland .... ☐

2. **Haltet eure Ideen in einer Mindmap fest. Legt mindestens 6 Unterthemen fest.** .... Thema – Unterthema – • Beispiele .... ☐

3. **Lest Informationstexte zum Thema.** .... ☐

4. **Macht euch zu jedem Unterpunkt Notizen. Nehmt für jeden Unterpunkt einen eigenen Zettel.** .... ☐

5. **Erstellt einen Entwurf von eurem Plakat auf einem DIN-A4-Blatt:** .... ☐
   Überlegt und malt auf, an welchen Stellen
   - die Überschrift,
   - die Unterpunkte und
   - die Bilder stehen sollen.

6. **Überprüft euren Entwurf mithilfe der Checkliste (S. 88).** .... Deutschland .... ☐

7. **Gestaltet euer Plakat.** .... ☐

Checkliste Plakatgestaltung

Hat das Plakat eine große Überschrift?	☐
Ist das Plakat ansprechend angeordnet?	☐
Gibt es Texte und Bilder in ausgewogenem Verhältnis?	☐
Sind die Texte interessant?	☐
Passen die Bilder zu den Texten und der Überschrift?	☐

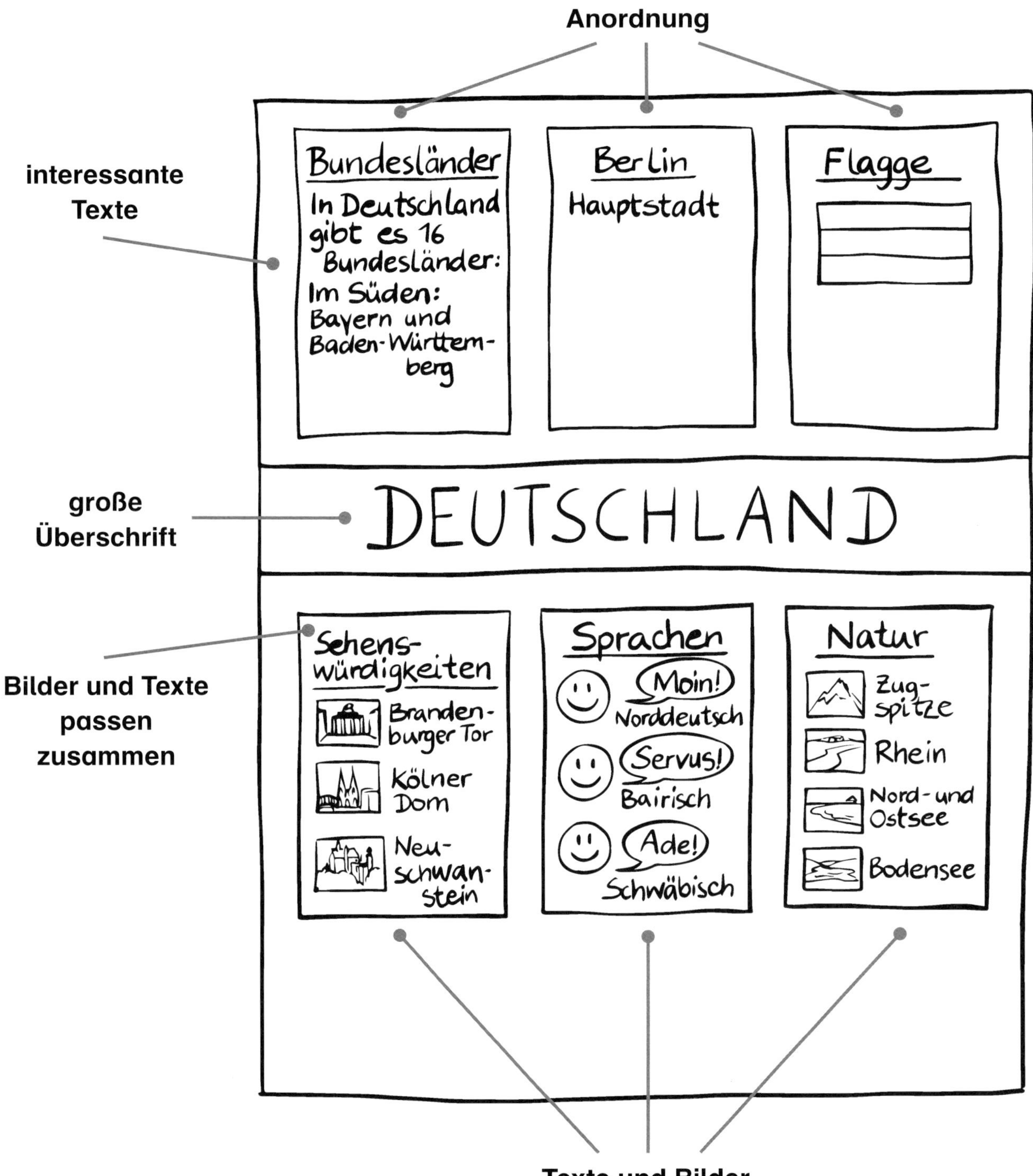

Eine Präsentation planen und einüben

Darum geht's

Die Kinder können eine Präsentation zum Plakat (das in Stunde 25 erstellt wurde) planen und einüben.

Kompetenzerwartungen

- Die Kinder wissen, wie man eine gute Präsentation vorbereitet.
- Sie kennen Tipps gegen Lampenfieber.

Materialliste

- Kopiervorlage „Eine Präsentation planen und einüben" (S. 90)
- Kopiervorlage „Tipps gegen Lampenfieber" (S. 91)

Das bereiten Sie vor

Kopieren Sie beide Kopiervorlagen in Klassenstärke.

Stundenverlauf

1. Einstieg (10 min)

Geben Sie einen kurzen Überblick über die Stunde. Lesen Sie gemeinsam mit den Kindern beide Kopiervorlagen durch und klären Sie Fragen.

2. Arbeitsphase (30 min)

Die Schüler*innen planen mithilfe der Kopiervorlage „Eine Präsentation planen und einüben" und der Kopiervorlage „Tipps gegen Lampenfieber" ihre Präsentation und üben diese ein.

Gruppen, die sich bereits sicher fühlen, treffen sich mit einer anderen Gruppe an einem vereinbarten Treffpunkt im Klassenraum (Haltestelle). Abwechselnd präsentieren die Gruppen und geben der anderen Gruppe Tipps zur Verbesserung.

Wer auch diese Aufgabe geschafft hat, überlegt sich Quizfragen zum Inhalt der Präsentation, die im Anschluss an die Präsentation gestellt werden können, um zu überprüfen, ob die Zuhörenden aufgepasst und etwas gelernt haben.

3. Sicherung (5 min)

Fordern Sie die Gruppen auf, ein kurzes Feedback zur Gruppenarbeit zu geben. Sie können beispielsweise auf folgende Fragen antworten:

- *Wie würdet ihr eure Gruppenarbeit insgesamt einschätzen?*
- *Konntet ihr gut als Gruppe zusammenarbeiten?*
- *Habt ihr die Arbeit gleichmäßig an alle verteilt?*
- *Habt ihr einander zugehört und euch aussprechen lassen?*
- *Hat euch die vorgegebene Zeit gereicht?*

Eine Präsentation planen und einüben

Merkkasten

- Verteilt die Rollen und Aufgaben während der Präsentation gleichmäßig an die Gruppenmitglieder. Achtet dabei darauf, dass die Präsentation aus **mehreren Teilen** besteht:
  - Begrüßung oder Anmoderation
  - Vorstellung des Themas, kurzer Überblick über das Thema
  - Präsentation der einzelnen Unterpunkte:
    Hier könnt ihr euch abwechseln!
  - Verabschiedung oder Abmoderation
- Alle bereiten sich einzeln auf ihren Teil vor.
- Stellt euch zunächst einzeln eure Teile vor.
  Gebt dem präsentierenden Kind eine **Rückmeldung**:
  - ▸ Hat das Kind laut und deutlich gesprochen?
  - ▸ Hat das Kind die Zuhörenden angeschaut?
  - ▸ Hat das Kind gelächelt?
  - ▸ Stand das Kind aufrecht da? (Es sollte nicht gewackelt haben und die Hände sollten nicht in den Hosentaschen verschwunden sein!)
- Übt eure gesamte Präsentation in mehreren Durchgängen. Achtet darauf, dass die Übergänge von einer zur nächsten Phase ohne Pause funktionieren.

Noch ein Tipp: Denkt daran, dass ihr als Gruppe zusammenarbeitet. Unterstützt diejenigen, die Lampenfieber haben. Lobt und helft, statt zu meckern!

Plant eure Präsentation und übt sie ein.
Diese Karten können euch weiterhelfen:

Wer macht was?

Luca: Der Luchs
Esra: Der Igel
Leon: Der Vogel

Zu Beginn:

Luca: Liebe Kinder der Klasse 4b, heute erzählen wir euch etwas zu dem Thema Tiere …

Zum Schluss:

Leon: Wir hoffen, unsere Präsentation hat euch gefallen und ihr habt viel gelernt.
Habt ihr Fragen? …

Tipps gegen Lampenfieber

1. Lies die Tipps gegen Lampenfieber.

2. Markiere deine 3 Lieblingstipps in deiner Lieblingsfarbe.

- Bereite dich gut vor. Übe so lange, bis du sicher bist.
- Stelle dir vorher in Gedanken vor, wie alles gut läuft und du nach der Präsentation oder dem Vortrag viel Lob und Anerkennung von den Zuhörenden bekommst. Versuche, zu fühlen, wie gut das tut.
- Achte darauf, dass du am Vortag früh ins Bett gehst und ausgeschlafen bist.
- Nimm dir einen Glücksbringer mit, der im Ranzen auf dich wartet oder in deiner Hosentasche bei dir ist.

- Bitte deine Familie und deine Freunde/Freundinnen, dir die Daumen zu drücken. Mache dir bewusst, dass sie in Gedanken bei dir sind und dich unterstützen. Mit ihrer Hilfe schaffst du das!
- Sorge dafür, dass du in einer guten Stimmung bist, wenn deine Präsentation oder dein Vortrag beginnt. Singe zum Beispiel vor der Präsentation in Gedanken dein Lieblingslied.

- Atme vor Beginn ein paar Mal tief ein und aus. Lächle bewusst und freue dich darauf, dass du nun zeigen kannst, was du draufhast.
- Suche dir einen Ankerpunkt, jemanden, den du gerne magst, oder einen Punkt an der Rückwand des Klassenzimmers. Schaue dort hin, während du präsentierst oder deinen Vortrag hältst.
- Sei dir bewusst, dass niemand perfekt ist und Fehler nicht schlimm sind. Fehler sind ein Zeichen dafür, dass jemand fleißig ist. Sie gehören dazu. Läuft etwas schief, machst du es beim nächsten Mal einfach besser.
- Lobe dich selbst, wenn alles vorbei ist, oder belohne dich mit einer Kleinigkeit, zum Beispiel kannst du dein Lieblingslied anhören. Genieße deine Belohnung, du hast es verdient!

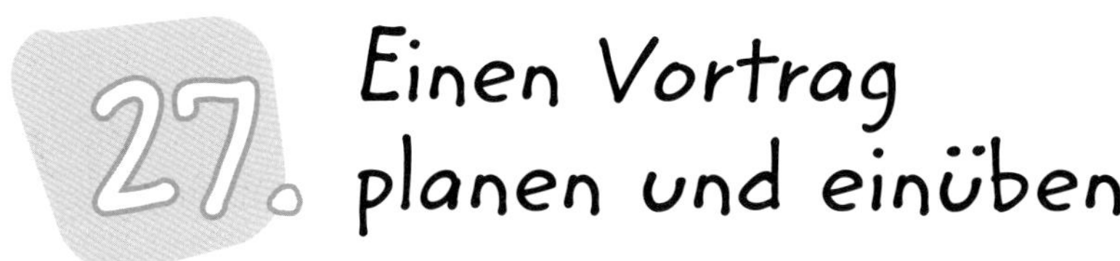

27. Einen Vortrag planen und einüben

Darum geht's

Die Kinder lernen, einen Vortrag zu planen und einzuüben.

Kompetenzerwartungen

- Die Kinder können in der Gruppe einzelne Rollen verteilen.
- Sie können ihren Part innerhalb der Gruppe übernehmen und verantwortungsvoll ausüben.
- Sie lernen kurze Textabschnitte auswendig und sind in der Lage, diese vorzutragen.

Materialliste

- Kopiervorlage „Einen Vortrag planen und einüben (1/2)" (S. 93)
- Kopiervorlage „Tipps gegen Lampenfieber" (S. 91)
- Kopiervorlagen „Einen Vortrag planen und einüben (2/2) (S. 94)

Das bereiten Sie vor

- Kopieren Sie die Kopiervorlage „Einen Vortrag planen und einüben (1/2)" und die Kopiervorlage „Tipps gegen Lampenfieber" (S. 91) in Klassenstärke.
- Teilen Sie Ihre Klasse in 4er-Gruppen ein und kopieren Sie die Kopiervorlage „Einen Vortrag planen und einüben (2/2)" (S. 94) in Gruppenstärke.

Stundenverlauf

1. Einstieg (10 min)

Geben Sie den Kindern einen kurzen Überblick über den Ablauf der Stunde. Lesen Sie gemeinsam die Tipps gegen Lampenfieber (S. 91). Lassen Sie den Kindern kurz Zeit, ihre Lieblingstipps zu markieren.

2. Arbeitsphase (30 min)

Die Kinder arbeiten in 4er-Gruppen zusammen. Sie lesen ihren Text, verteilen Aufgaben und üben den Vortrag ein. Je nach Leistungsstärke können die Texte auswendig vorgetragen oder nur vorgelesen werden.

Gruppen, die die Aufgaben erledigt haben, treffen sich mit anderen Gruppen, tragen vor und lassen sich eine Rückmeldung geben.

3. Sicherung (5 min)

Fordern Sie die Gruppen auf, ein kurzes Feedback zur Gruppenarbeit zu geben. Sie können beispielsweise auf folgende Fragen antworten:

- *Wie würdet ihr eure Gruppenarbeit insgesamt einschätzen?*
- *Konntet ihr gut als Gruppe zusammenarbeiten?*
- *Habt ihr die Arbeit gleichmäßig an alle verteilt?*
- *Habt ihr einander zugehört und euch aussprechen lassen?*
- *Hat euch die vorgegebene Zeit gereicht?*

Einen Vortrag planen und einüben (1/2)

Wenn ihr in der Gruppe einen Vortrag halten sollt, ist es wichtig, dass ihr zunächst folgende **Regeln** beachtet:

Merkkasten

- Lest euch zunächst gut durch, was ihr vortragen sollt, zum Beispiel ein Theaterstück mit verschiedenen Rollen.
- Überlegt, aus welchen Teilen (zum Beispiel Sprechrollen beim Theaterstück) euer Vortragstext besteht.
- Verteilt die Teile an die Gruppenmitglieder. Es kann dabei vorkommen, dass nicht alle gleich viel vorzutragen haben, weil zum Beispiel eine Person mehr sagt als die andere). Überlegt gut, wer welchen Teil übernehmen soll.
- Alle markieren ihren Teil farbig und üben ihn für sich allein.
- Stellt euch zunächst einzeln eure Teile vor.
  Gebt dem vortragenden Kind eine Rückmeldung:
  - Hat das Kind laut und deutlich gesprochen?
  - Hat das Kind die Zuhörenden angeschaut?
  - Hat das Kind gelächelt?
  - Stand das Kind aufrecht da? (Es sollte nicht gewackelt haben und die Hände sollten nicht in den Hosentaschen verschwunden sein!)
- Übt euren Vortrag in mehreren Durchgängen gemeinsam.

Noch ein Tipp: Denkt daran, dass ihr als Gruppe zusammenarbeitet. Unterstützt diejenigen, die Lampenfieber haben. Lobt und helft, statt zu meckern!

1. **Lest den Merkkasten oben und die Tipps gegen Lampenfieber (S. 91).**
2. **Lest euren Vortragstext (S. 94), plant und übt einen Vortrag ein.**

Einen Vortrag planen und einüben (2/2)

Vom Riesen Timpetu

Erzählerkind 1:
Pst! Ich weiß was. Hört mal zu!
War einst ein Riese Timpetu.
Der arme Bursche hat – oh Graus –
im Schlafe nachts verschluckt ’ne Maus.
Er lief zum Doktor Isegrimm:

Riese Timpetu:
„Ach Doktor! Mir geht’s heute schlimm.
ich hab’ im Schlaf ’ne Maus verschluckt,
die sitzt im Leib und kneift und druckt.“

Erzählerkind 2:
Der Doktor war ein kluger Mann,
man sah’s ihm an der Nase an.
Er hat ihm in den Hals geguckt.

Doktor:
„Wie? Was? Ne Maus habt ihr verschluckt?
Verschluckt ’ne Miezekatz dazu.
So lässt die Maus euch gleich in Ruh.“

Alwin Freudenberg

Etwas vortragen und Rückmeldung geben

Darum geht's

Die Kinder halten die Präsentation oder den Vortrag, die bzw. der in der vorausgegangenen Stunde (Präsentation: Stunde 25/Vortrag: Stunde 26) eingeübt wurde. Die Zuhörerkinder geben Rückmeldung an die Präsentierenden bzw. Vortragenden.

Kompetenzerwartungen

- Die Kinder können eine Präsentation/einen Vortrag flüssig und ansprechend halten.
- Die Kinder können anderen zuhören und eine Rückmeldung anhand von Höraufträgen geben.

Materialliste

Materialien aus den Vorstunden (S. 86 ff.)

Das bereiten Sie vor

Stellen Sie sicher, dass alle Gruppen ihre Materialien (Präsentation: Plakate, Vortrag: Textblätter) parat haben.

Stundenverlauf

1. Einstieg (5 min)

Geben Sie einen Überblick über den Ablauf der Stunde. Wiederholen Sie gemeinsam mit den Kindern die Merkmale einer gelungenen Präsentation bzw. eines gelungenen Vortrags.
Verteilen Sie die Materialien (Plakate).

2. Arbeitsphase (10 min)

Die Gruppen wiederholen ihre Präsentation bzw. ihren Vortrag allein oder zusammen mit einer Partnergruppe (siehe Tipp).

3. Präsentation (30 min)

Schreiben Sie folgende Höraufträge an die Tafel und besprechen Sie mit den Kindern kurz, wie man konstruktives Feedback gibt:

1. Rollenverteilung:
Sind alle Gruppenmitglieder an der Präsentation/dem Vortrag beteiligt?
2. Verhalten:
Wird laut und deutlich gesprochen?
Werden die Zuhörenden angesehen?
3. Inhalt (Präsentation):
Ist die Präsentation interessant?
Ist das Plakat gut gestaltet?

Verteilen Sie vor jeder Präsentation/jedem Vortrag die Höraufträge an die zuhörenden Gruppen. Wenn möglich, sollte jede Gruppe jeden Hörauftrag mindestens einmal bekommen.

Nun präsentieren bzw. tragen die Gruppen nacheinander vor.

Im Anschluss an die Präsentation/den Vortrag geben die Zuhörergruppen der jeweiligen Präsentationsgruppe/Vortragsgruppe eine Rückmeldung, die sich auf die Höraufträge bezieht.
Die Präsentationsgruppen stellen ihre Fragen.

Abhängig von der Klassengröße bieten sich zwei unterschiedliche Abläufe an:

a) Bei einer großen Klasse sollte die Arbeitsphase kurz ausfallen, damit alle Gruppen präsentieren können.
b) Bei einer kleinen Klasse können jeweils zwei Gruppen zunächst zusammen üben und sich gegenseitig Feedback geben, bevor vor der gesamten Klasse vorgetragen bzw. präsentiert wird.

29. Vokabeln lernen

Darum geht's

Die Kinder lernen, wie man Vokabeln lernt.

Kompetenzerwartungen

- Die Kinder können Vokabeln in ein Vokabelheft eintragen.
- Sie wissen, wie man Vokabeln mithilfe des Vokabelheftes lernt und in welchen zeitlichen Abständen sie wiederholt werden sollten, damit sie gefestigt sind.
- Die Kinder kennen außerdem die Methode der Vokabelkarten.

Materialliste

- Kopiervorlage „Vokabeln lernen – So geht's" (S. 98)
- Kopiervorlage „Vokabeln lernen mit dem Vokabelheft" (S. 99)
- Kopiervorlage „Vokabeln lernen mit dem Vokabelkasten" (S. 100)
- ggf. Elternbrief (S. 97) als Vorabinformation in Klassenstärke

Das bereiten Sie vor

Kopieren Sie alle Kopiervorlagen in Klassenstärke.

Stundenverlauf

1. Einstieg (10 min)

Schreiben Sie mindestens zehn der 15 Vokabeln von der Kopiervorlage „Vokabeln lernen mit dem Vokabelheft" an die Tafel. Fordern Sie die Kinder vorher auf, sich die Vokabeln, während Sie schreiben, anzusehen und zu merken. Lesen Sie einmal gemeinsam die Vokabeln und klappen Sie die Tafel dann zu. Fragen Sie nach, welche Vokabeln die Kinder schon behalten haben. Erklären Sie den Kindern, dass sie heute lernen werden, wie man in der weiterführenden Schule Vokabeln lernt.

Verteilen Sie die Kopiervorlage „Vokabeln lernen – So geht's" (S. 98) und lesen und besprechen Sie gemeinsam mit den Kindern den Merkkasten. Verteilen Sie die weiteren Kopiervorlagen (S. 99 und 100).

2. Arbeitsphase (25 min)

Die Schüler*innen bearbeiten die Kopiervorlage „Vokabeln lernen mit dem Vokabelheft" in Einzelarbeit. Wer meint, dass er die Vokabeln sicher kann, sucht sich ein Partnerkind und lässt sich abfragen. Anschließend wird die Kopiervorlage „Vokabeln lernen mit dem Vokabelkasten" in Einzelarbeit bearbeitet.

3. Sicherung (10 min)

Bitten Sie die Kinder, sich in einer kurzen Reflexionsphase zur Arbeitsphase zu äußern:

- *Fiel es dir schwer, die Vokabeln zu lernen?*
- *War es mühsam oder hat es vielleicht Spaß gemacht?*
- *Welche Vokabeln konntest du besser/schlechter behalten?*

Spielen Sie das Spiel „Galgenmännchen": Wählen Sie eine Vokabel aus und ziehen Sie an der Tafel für jeden Buchstaben einen waagrechten Strich. Fordern Sie die Kinder auf, Ihnen Buchstaben zu nennen. Wird ein Buchstabe genannt, der im Wort vorkommt, schreiben Sie diesen auf den entsprechenden waagrechten Strich. Für jeden genannten Buchstaben, der nicht im Wort vorkommt, malen Sie einen Teil eines Galgenmännchens (oder weniger blutrünstig: einen Teil des „Hauses vom Nikolaus"). Wurde Ihre Vokabel erraten, darf das Kind, das sie erraten hat, entsprechend fortfahren.

Elternbrief

Datum: ....

Liebe Eltern der Klasse ....,

es dauert nicht mehr lange, dann sind Ihre Kinder keine Grundschulkinder mehr, sondern besuchen die weiterführenden Schulen. Dort werden andere Anforderungen an die Kinder gestellt, als dies auf der Grundschule der Fall war.

Um Ihre Kinder auf diese Anforderungen vorzubereiten und ihnen einen sanften Übergang zu ermöglichen, werden wir uns demnächst mit den Themen „Vokabeln lernen" beschäftigen.
Beim Vokabelnlernen gibt es einiges zu beachten, das Sie als Eltern sicherlich auch interessiert, damit Sie Ihre Kinder unterstützen können. Es gibt verschiedene Möglichkeiten, Vokabeln zu lernen, die sowohl einzeln als auch in Kombination in den weiterführenden Schulen verlangt werden:

1. Vokabeln lernen mit dem Vokabelheft

- Jede Vokabel (jedes Wort oder jeder Satz) wird ins Vokabelheft eingetragen: In die linke Spalte kommen die fremdsprachlichen Ausdrücke, in die rechte die deutschen.
- Vor dem Lernen sollte unbedingt überprüft werden, ob die Vokabeln auch richtig abgeschrieben wurden, da sonst Fehler gelernt werden.
- Vokabeln werden am besten in kleinen Portionen gelernt: Immer fünf Vokabeln werden mehrfach gelesen, bis sie sich eingeprägt haben. Dazu kann die rechte Spalte mit einem Blatt abgedeckt werden.
- Gibt es Vokabeln, die sich Ihr Kind absolut nicht merken kann, sollte es diese auf ein Blatt schreiben und das Blatt gut sichtbar (z. B. an der Zimmertür oder auf der Toilette) aufhängen. Je häufiger es die Vokabeln liest, desto schneller prägen sie sich ein.
- Sie können Ihr Kind unterstützen, indem Sie es die gelernten Vokabeln abfragen: sowohl von der Fremdsprache ins Deutsche, als auch vom Deutschen in die Fremdsprache.
- Fragen Sie nicht nur die aktuellen Vokabeln, sondern auch die ab, die schon gelernt wurden.

2. Vokabeln lernen mit dem Vokabelkasten

- Die meisten Vokabelkästen, die sie im Handel kaufen können, haben fünf oder sechs Fächer.
- Ihr Kind schreibt jede Vokabel auf eine Karte: Auf der Vorderseite wird die fremdsprachige Vokabel mit der Angabe der Unit/Lektion notiert, auf die Rückseite kommt die deutsche Übersetzung. Die geschriebenen Vokabeln kommen in das vorderste Fach des Karteikastens.
- Die Vokabeln werden meistens im 10er-Päckchen gelernt. Ihr Kind nimmt den ersten Stapel aus dem vordersten Fach und fragt sich die Vokabeln selbst ab bzw. bittet Sie, es abzufragen. Vokabeln, die sicher gewusst wurden, wandern in das zweite Fach. Vokabeln, die Ihr Kind nicht wusste, bleiben im ersten Fach.
- Ist das zweite Fach voll, wird der Vokabelstapel einmal komplett abgefragt. Gekonnte Vokabeln wandern ins dritte Fach, nicht gekonnte Vokabeln landen wieder in Fach 1.
- Wird eine Vokabel, die sich im Fach 6 befunden hat, gekonnt, hat Ihr Kind sie im Langzeitgedächtnis abgespeichert. Diese Vokabelkarte kann separat aufbewahrt werden.

Mit freundlichen Grüßen ....

Vokabeln lernen – So geht's

In der weiterführenden Schule wirst du eine oder mehrere Fremdsprachen lernen.
Dann wird es wichtig sein, dass du die Vokabeln, d. h. die Wörter in der Fremdsprache, sorgfältig lernst.
Wie dies geht, erfährst du hier:

Merkkasten

- **Schreibe** die Vokabeln in ein Vokabelheft:
  - linke Spalte: Wort in der Fremdsprache
  - rechte Spalte: Wort in Deutsch

  Vergiss nicht die Übungssätze mit aufzuschreiben. Sie sind sehr wichtig, weil sie dir zeigen, wie man die Vokabeln im Satz benutzt.

Tipp: Kontrolliere noch einmal die Schreibweise in der Fremdsprache: Hast du wirklich alles richtig geschrieben?

- **Lerne** die Vokabeln aus dem Heft oder Buch:
  - Lies dir die ersten 5 Vokabeln und ihre Übersetzung 2- bis 3-mal durch.
  - Decke die rechte Seite mit einem Blatt zu. Lies die Vokabel links und versuche, die richtige Übersetzung zu nennen. Schaue dann rechts nach. Rutsche mit der Abdeckung immer eine Vokabel weiter runter.
  - Lerne immer 5 Vokabeln am Stück. Kannst du sie, lerne die nächsten 5.
  - Schreibe dir Vokabeln, die du dir absolut nicht merken kannst, auf kleine Zettel, die du dir zum Beispiel an deine Zimmertür hängst.
  - Wiederhole die Vokabeln regelmäßig.

Tipp: Um dein Gehirn frei zu haben und die Vokabeln aufnehmen und behalten zu können, solltest du 30 Minuten vor und nach dem Vokabellernen auf PC- Spiele und Fernsehen verzichten.

Vokabeln lernen mit dem Vokabelheft

1. **Lies den Merkkasten „Vokabeln lernen“ auf S. 98.**
2. **Schreibe die Vokabeln unten in das Vokabelheft. Es sind Vokabeln aus der lateinischen Sprache. Diese Sprache haben früher die Römer gesprochen.**
3. **Lerne die Vokabeln auswendig. Denke an die Regeln zum Vokabelnlernen.**

amicus – der Freund, amica – die Freundin,

Ubi amicus est? – Wo ist der Freund?,

rogare – fragen, audire – hören, nunc – nun,

esse – sein, adesse – da sein, venire – kommen,

ibi – dort, Ecce! – Siehe da!

amicus	der Freund

Vokabeln lernen mit dem Vokabelkasten

Merkkasten

- Kaufe dir einen Vokabelkasten. Dieser sollte 5 oder 6 Fächer haben. Du kannst natürlich auch einen selbst basteln.
- Bastele dir kleine Vokabelkärtchen, die in den Kasten passen.
- Schreibe die Vokabeln aus dem Buch ab:
  Auf die **Vorderseite** schreibst du das Wort in der **Fremdsprache**, auf die **Rückseite** schreibst du das passende **deutsche** Wort.
  Notiere auf der Vorderseite auch, in welcher Lektion/Unit die Vokabel steht.
- Ordne die geschriebenen Kärtchen ins erste Fach ein.
- Lerne die Vokabeln aus dem Buch.
- Ist das erste Fach voll, nimm den kompletten Stapel Vokabelkärtchen heraus und frage dich ab.
  Jede Vokabel, die du kannst, wandert ins zweite Fach.
  Jede Vokabel, die du nicht kannst, muss im ersten Fach bleiben.
- Immer wenn ein Fach voll ist, nimmst du den kompletten Stapel heraus und fragst dich ab. Gekonnte Vokabeln wandern ins nächste Fach, nicht gekonnte müssen ins erste Fach zurück.
- Vokabeln, die du aus dem sechsten Fach nimmst und kannst, hast du im Langzeitgedächtnis gespeichert und wirst sie nicht mehr vergessen.

Beantworte die Fragen. Schreibe auf die Rückseite.

1. Wie viele Fächer muss der Vokabelkasten haben?
2. Was kommt in den Vokabelkasten?
3. Wie beschriftet man Vokabelkarten?
4. Was geschieht, wenn das erste Fach voll ist?
5. Was geschieht mit Vokabeln, die du nicht kannst?
6. Warum müssen Vokabeln nach dem letzten Fach nicht mehr im Kasten bleiben?

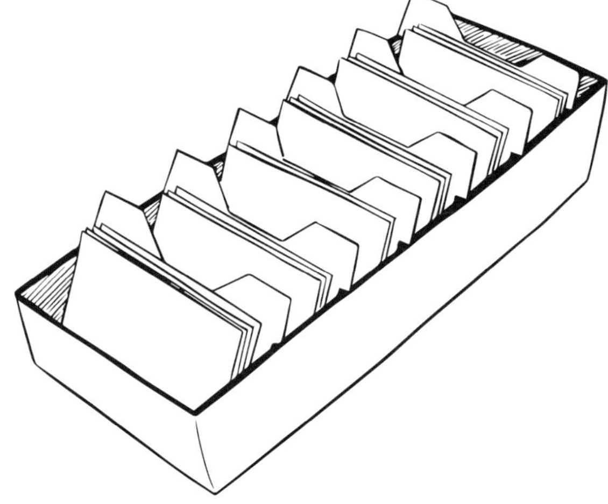

30. Wichtiges im Unterricht mitschreiben

Darum geht's

Die Kinder erfahren, dass sie in den weiterführenden Schulen schrittweise auch eigenständig Notizen im Unterricht anfertigen müssen.

Kompetenzerwartungen

Die Kinder können Notizen anfertigen.

Materialliste

- Kopiervorlage „So schreibe ich Wichtiges im Unterricht auf" (S. 102)
- Kopiervorlage „Meine Notizen zur Unterrichtsstunde" (S. 103)
- Informationsfilm und Abspielgerät
- ggf. Dokumentenkamera

Das bereiten Sie vor

- Kopieren Sie beide Kopiervorlagen in Klassenstärke.
- Suchen Sie im Internet einen kurzen Informationsfilm (max. 10 Minuten), evtl. etwas, das zum aktuellen Sachunterrichtsthema passt. (Die Sachgeschichten-Videos von der „Sendung mit der Maus" bieten sich hierfür sehr gut an und haben eine passende Länge).

Stundenverlauf

1. Einstieg (10 min)

Erklären Sie den Kindern, dass sie heute einen Ausflug in die Zukunft machen werden. Die Kinder sollen sich vorstellen, dass sie fünf Jahre älter sind und die weiterführende Schule besuchen oder sogar schon als Erwachsene in einer Firma arbeiten oder studieren. Machen Sie den Schüler*innen klar, dass das in der heutigen Stunde nur ein Experiment ist und Sie nicht erwarten, dass das bei allen super klappt. Verteilen Sie die Kopiervorlagen, lesen Sie den Merkkasten und besprechen Sie gemeinsam, wie die Kopiervorlage „Meine Notizen zur Unterrichtsstunde" ausgefüllt werden muss.

2. Arbeitsphase (25 min)

Zeigen Sie den Informationsfilm. Die Schüler*innen versuchen, während des Films Notizen zu machen. Geben Sie anschließend zehn Minuten Zeit, damit die Kinder in Partner- oder Kleingruppenarbeit ihre Notizen vergleichen und ergänzen können.

3. Sicherung (10 min)

Reflektieren Sie mit den Kindern, wie es ihnen in der Arbeitsphase erging und zu welchen Ergebnissen sie gekommen sind. Treffen Sie sich zum Anschauen der Ergebnisse im Sitzkreis oder legen Sie ggf. einzelne Arbeitsergebnisse der Schüler*innen unter die Dokumentenkamera. Auch ein Museumsgang ist sinnvoll, bei dem alle Kinder ihre Notizzettel auf ihrem Platz liegen lassen, während sie leise umhergehen und sich die Ergebnisse der anderen anschauen.

Wenn noch Zeit übrig ist, können einzelne Kinder versuchen, den Inhalt des Informationsfilms anhand ihrer Notizen wiederzugeben.

So schreibe ich Wichtiges im Unterricht auf

Merkkasten

- Teile dein Blatt so ein, wie du es unten in der Skizze siehst.
- Zu Beginn des Unterrichts füllst du die Felder „Fach", „Stundenthema" und „Datum" aus.
- Während des Unterrichts trägst du alles Wichtige in kurzen Stichpunkten in die Spalte „Notizen" ein.
- Nach dem Unterricht zu Hause liest du dir alles noch einmal durch.
- Um dir den Inhalt besser merken zu können, schreibst du nun in die Spalte „Überschriften" kurze Stichpunkte, die alles zusammenfassen.
- In der Spalte „Fragen/Zeichnungen" kannst du festhalten, was du noch nicht verstanden hast und nachfragen möchtest. Oder du zeichnest etwas, das zum Thema passt und dir das Merken erleichtert.

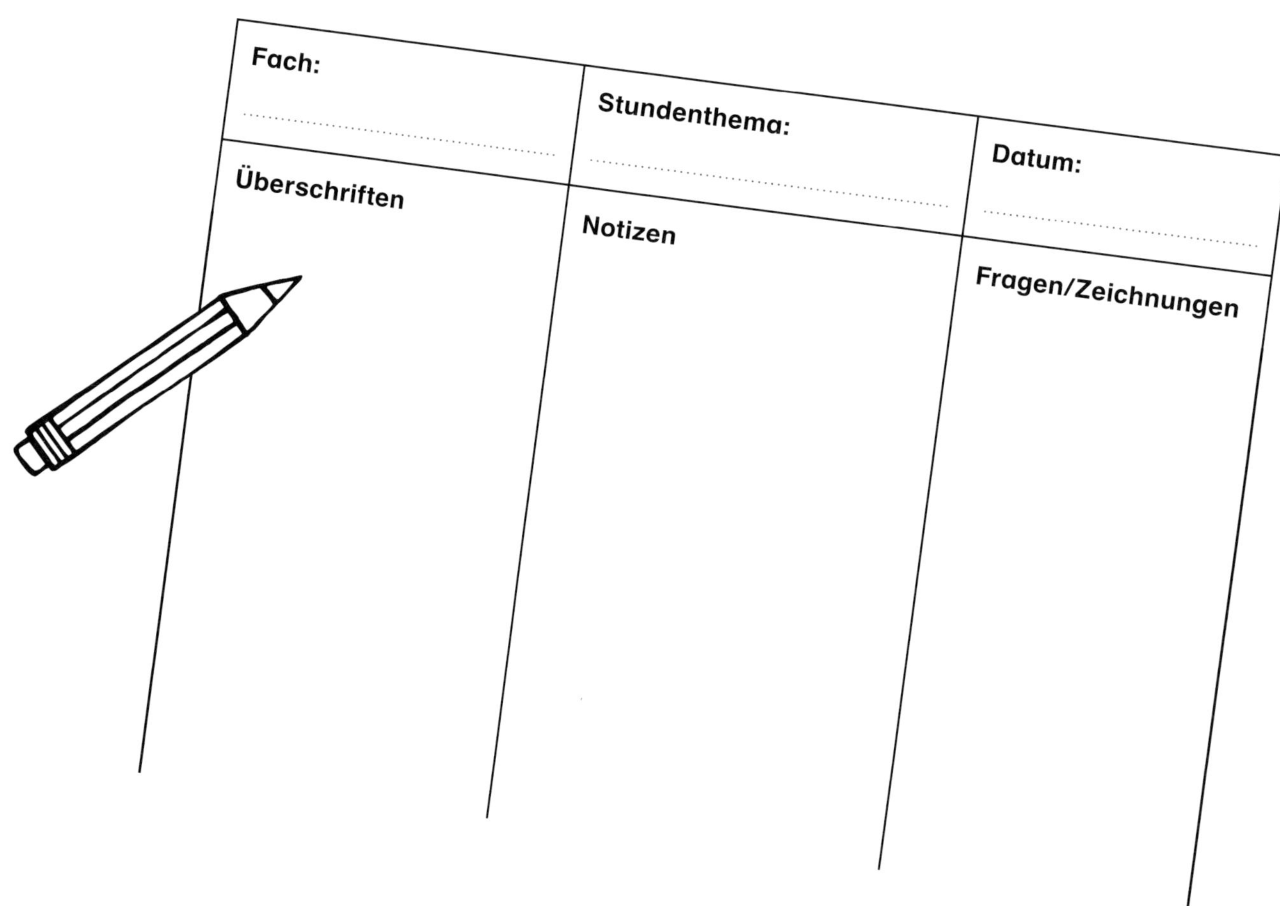

Meine Notizen zur Unterrichtsstunde

Fach:	Stundenthema:	Datum:
....	....	....
Überschriften	**Notizen**	**Fragen/Zeichnungen**

Medientipps

Endres, Wolfgang:
7 x 7 Lerntipps für die Grundschule.
Ein fröhliches Trainingsbuch für Kinder.
Klasse 1–5. Beltz Verlag, 2014.
ISBN 978-3-407-62925-8

Görtz, Noemi:
Erfolgreich Lernen – Lernmotivation und Lernstrategien für Kinder.
So lernen Kinder mit Spaß zu lernen!
Nova MD Verlag, 2017.
ISBN 978-3-96111-218-0

Konrad, Klaus; Bernhart, Annette:
Lernstrategien für Kinder.
Schneider Verlag Hohengehren, 2017.
ISBN 978-3-8340-1413-9

Mladenow-Flohr, Janette:
Mein Lerntagebuch für die Klasse ...
Ein universell einsetzbares Logbuch für die Grundschule.
Verlag an der Ruhr, 2019.
ISBN 978-3-8346-4015-4

Neubauer, Friederike; Schößler, Stefanie:
30 x sinnvolle Vertretungsstunden für 45 Minuten – Klasse 1/2.
Ausgearbeitete Stunden für den direkten Einsatz.
Verlag an der Ruhr, 2017.
ISBN 978-3-8346-3683-6

Neubauer, Friederike; Schößler, Stefanie:
30 x sinnvolle Vertretungsstunden für 45 Minuten – Klasse 3/4.
Ausgearbeitete Stunden für den direkten Einsatz.
Verlag an der Ruhr, 2019.
ISBN 978-3-8346-3996-7

Materialien, mit denen Sie das Lernenlernen weiter unterstützen können:

Redaktionsteam Verlag an der Ruhr:

- **Alleine, mit dem Partner oder in der Gruppe?**
  70 Signalkarten zu allen Sozialformen.
  Verlag an der Ruhr, 2013.
  ISBN 978-3-8346-2308-9

- **Das brauchst du!**
  232 Materialkarten zur Visualisierung.
  Verlag an der Ruhr, 2010.
  ISBN 978-3-8346-1293-9

- **Meine Hausaufgaben – Ein Heft für die 1. Klasse.**
  Mit einfachen Symbolen den Überblick behalten.
  Verlag an der Ruhr, 2020.
  ISBN 978-38346-4289-9

- **Mein Klassenraum – perfekt organisiert.**
  160 Bildkarten, Regel- und Hinweisschilder.
  Verlag an der Ruhr, 2013.
  ISBN 978-3-8346-2434-5

- **„Mir hat gut gefallen, dass ..."**
  88 Impulskarten für gezielte und begründete Reflexionen.
  Verlag an der Ruhr, 2013.
  ISBN 978-3-8346-2309-6

- **Was muss ich machen?**
  35 visualisierte Arbeitsanweisungen.
  Verlag an der Ruhr, 2017.
  ISBN 978-3-8346-3588-4